交通事故事件弁護学入門［第2版］

高山俊吉［著］

日本評論社

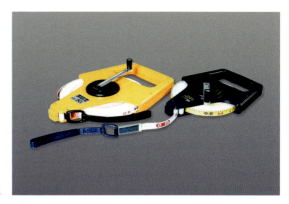

①布製巻尺

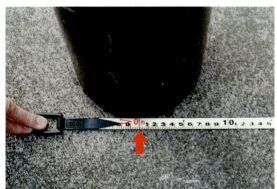

②巻尺の0点

③コンベックス

④写真用スケール

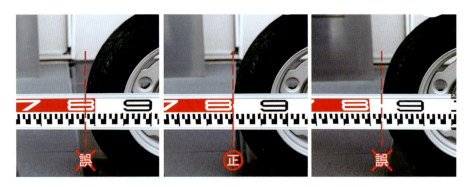

⑤スケールが被写体に密着できない場合は撮影方向に注意する

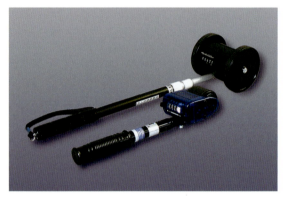

⑥ウォーキングメジャー

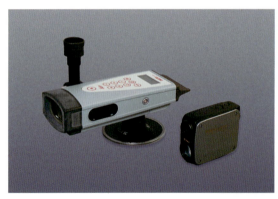

⑦レーザー距離計

⑧画板・紙ばさみ

⑨布製ガムテープ

⑩全天候型チョーク・ろう石・
　チョークライン

⑪ストップウォッチ

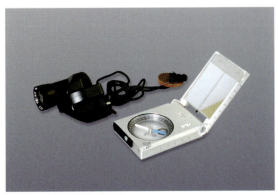
⑫コンパス

⑬懐中電灯・赤色安全灯

⑭スコップ・移植ゴテ

⑮安全ベスト前面　　　背面

⑯雨合羽

はしがき

　道路交通事故は、1970年頃をピークに減少傾向をたどり、今や死者の数では当時の4分の1以下に、負傷者の数でも当時の60％程度に減少している。
　裁判所に持ち込まれる交通事件の数が異様に多かった第1次交通戦争時代は過去の話になった。自動車安全工学はこの間大きく進み、衝突の事前予防や衝突時の安全確保に関する科学も刮目すべき進展を示している。
　しかし、高齢者人口増を反映して高齢者の事故は顕著には減らず、年齢構成で見れば明らかに増加傾向を示し、また、社会参加が進む障害者の事故が注目され、交通社会からの排除論が登場しかねない状況も存在する。
　この間、交通事故関連の新たな犯罪類型も登場した。完全自動運転車の研究開発などを含め、交通環境の変化に関する社会の関心は高く、交通関連の報道はメディアの重要な一部を占めている。
　新しい法律に関する論議の機会も増えた。事故自体の工学分析だけでなく、運転者の運転能力や障害の病理などに関する広範な科学的見識も求められ、交通事件における新たな弁護活動の可能性はむしろ広がっていると言って差し支えない。

　しかし、司法研修過程における交通関連事件の教育指導はこの間明らかにかつ非常に弱くなっている。修習指導の時間も能力も、検察、刑事弁護、刑事裁判の全分野で指導が行われていた往時とは比べようもないほど減少し劣化している。
　私は、刑事弁護教官室の要請を受け、司法研修所で交通事件弁護の講話をした経験がある。受講希望者が多く、大講堂で1000人もの修習生に話すことになった。教官から、学習の機会が乏しい修習生たちはこの際聴いておきたいと思うのだろうと説明されたが、深く考えさせられた。その後も、OJTの交通事件弁護活動講演のたびにたくさんの若い弁護士が出席されるのを経験し、この分野の学習不足を感じている新進法曹が多いことをあらためて感じさせられている。

　以前は、最高裁事務総局は、自らが先頭に立って交通事故事件の執務提要や鑑定例集や鑑定人リストなどを編纂し、弁護士などにも積極的に開示していた。その後、最高裁はそのような対応をやめて実務指導を研修所任せにし、研修期間の短縮をきっかけに交通事故に関する実務学習は法曹として巣立ってからのOJT任せになってしまったように思う。由々しいことである。

はしがき

　民事交通事故訴訟の「損害賠償額算定基準」(いわゆる『赤い本』)は、事件を詳細に類型化して過失判定に用いているが、このことは法曹の思考をパターン化(?)してはいないだろうか。不注意の有無や程度に関する思考を事実に即して子細に考えず、「どの引き出しに入るか」というような思考で処理していないか。そしてそのような事案の見方が刑事事件の弁護活動にも影を落としてはいないかという疑問である。

　本書は、このような現実や懸念を踏まえ、何とか状況を変えたいという思いでまとめた交通事故事件の弁護学入門の書である。初版を上梓したのは2008年、交通関係法令が大きく変わり、交通諸情勢も激動していた。今回は、時の経過を踏まえ、骨格は変えずに内容のアップ・ツー・デートを図った。この間に誕生した新法曹の数は1万5000人に達する。本書の有用性はまさに今こそということかも知れない。
　旧版に対し全面的に加筆補正を加えた。とりわけ第3編は旧版を完全にあらため、新しい事件を取り上げた。弁護活動に携わったのも旧版と異なり筆者ではない。筆者は紹介事件の弁護人の弁護活動についてコメントし、また裁判上の問題点などについて意見を付する形で参加している。

　交通事故事件と言えば、事実関係を争うケース、事実は認めるが過失を争うケース、事実も過失も争わないが諸事情への配慮を求めるケースなどと、裁判上の弁護活動はまことにいろいろである。また、着目する事項も、車体の安全確保、交通安全施設の確かさ、交通規制のあり方の当否、現実の交通状況との関係、運転者が置かれた労働環境の実情、救急医療態勢やその後の医療対応の当否等々、実に多い。
　事故の本当の原因や結果に影響を与えた事実、複合的な要因などを考えなければならず、検討を要する法律上の論点も少なくない。交通事故事件は外見は卑近で、素人論議が起こりやすく、起こされやすいという特徴を持ち、一方で奥行きは深く広がりは格別に広い。

　本書は、交通事故事件の科学的弁護のあり方を論じる入門の書であるが、具体的な事件を受任した際の弁護の手引書として利用することも意識してまとめている。捜査段階の弁護活動にも活用され、民事交通事故事件の代理人活動にも大いに使ってほしい。また、交通事故に関わりを持つ人々、関心を寄せる一般の人々が交通事故を考える際の参考書として利用されることも希望している。
　交通事故事件の解明は科学的に行わなければならない。そのことを司法に関わるすべての人々、交通事故に関わるすべての人々の共通認識にしてほしいと願う。
　多くの皆さんが直面している事件やテーマの解明に少しでも役立てば、これ以上の喜びはない。

2019年5月

高山俊吉

目 次

はしがき　i

第1編　交通事故裁判のあり方
　　1　交通事故現場見取図から始まる　3
　　2　交通事故現場見取図を読む　3
　　3　裁判の進行と結論　6
　　4　警察の認定に問題はないか　7
　　5　非科学は裁判所を覆う　9
　　6　現場から状況を変える　9

第2編　基本活動

第1章　調査し資料を収集する　13
　　1　本人から事情を聴き取る　13
　　2　関係者から事情を聴き取る　14
　　3　事故発生現場を調べる　15
　　4　事故車両を調べる　16
　　5　被害者を調べる　17
　　6　捜査資料を入手する　17
　　7　事故証明書や自動車登録事項等証明書を入手する　18
　　8　事故車両の図面やデータを入手する　20
　　9　現場の道路図面を入手する　20
　　10　車載の諸データを入手する　21

第2章　用具を活用する　23
　　1　巻尺　23
　　2　コンベックス　26
　　3　写真用スケール　27
　　4　ウォーキングメジャー　28
　　5　レーザー距離計　29
　　6　足など　29
　　7　カメラ　30
　　8　ビデオカメラ　31
　　9　画板・紙ばさみ・スケッチブック　32
　　10　ガムテープ　32
　　11　全天候型チョーク・ろう石・チョークライン　33

12　トランシーバ　33
　　13　テープレコーダ・ＩＣレコーダ　34
　　14　ストップウォッチ　34
　　15　コンパス（方位磁石）　34
　　16　懐中電灯・赤色安全灯・安全ベスト　35
　　17　スコップ・雨合羽・携帯暖房具　36

第3章　弁護活動の現場に生かす ………………………………………… 37
　　1　実況見分調書を分析する　37
　　2　写真撮影報告書を分析する　38
　　3　解析書面を分析する　39
　　4　ドライブレコーダを読み取る　40
　　5　事故原因などを総合的に分析する　40
　　6　被疑者調書を分析する　41
　　7　事故分析者への反対尋問に備える　42
　　8　積極的な科学的反証のために　43
　　9　鑑定人に対する尋問　44

第4章　対決鑑定を科学的に批判する ………………………………… 47
　　1　はじめに　47
　　2　着目点1──計算ミスはないか　49
　　3　着目点2──粉飾はないか　49
　　4　着目点3──憶測やこじつけはないか　50
　　5　着目点4──見落としはないか　50
　　6　着目点5──話が飛んでいないか　51
　　7　着目点6──根拠薄弱ではないか　51
　　8　着目点7──限定条件を付けて言っているか　52
　　9　着目点8──冗舌に過ぎないか　53
　　10　鑑定科学の前進のために　53

第5章　力学の基礎知識を身につける ………………………………… 57
　　①　数式中の文字　59
　　②　時速と秒速の換算　60
　　③　ABS　61
　　④　往復の平均速度　61
　　⑤　停止までの制動距離　62
　　⑥　制動直前の速度　62
　　⑦　傾斜路面の制動距離　63
　　⑧　傾斜路面の制動直前の速度　63
　　⑨　転倒直前のバイクの速度　64
　　⑩　速度と加速度　64
　　⑪　停止までの制動時間　64
　　⑫　全制動による速度の低下　65
　　⑬　速度低下に要する制動距離　65
　　⑭　速度低下に要する制動時間　66
　　⑮　制動時間と制動距離　66
　　⑯　衝突速度と制動開始直前の速度　67
　　⑰　加速に要する走行距離　67
　　⑱　自然落下に要する時間　68
　　⑲　飛び出し速度　68
　　⑳　跳ねられた被害者の放出初速度　69
　　㉑　カーブを走行できる最大速度　71
　　㉒　走行できるカーブの最小半径　71
　　㉓　2台の車両の衝突速度（1次元衝突）　72
　　㉔　2台の車両の衝突速度（2次元衝突）　73

第6章　危険運転致死傷罪にとりくむ ………………………………… 75
　　1　「世論背景立法」の特質　75
　　2　法運用の実情と改正経緯　76

3 関連法条と送致件数　76
  4 危険運転致死傷罪の根本的な危険性　78
  5 アルコールの影響による危険運転致死傷　79
  6 薬物の影響による危険運転致死傷　80
  7 病気の影響による危険運転致死傷　80
  8 制御が困難な高速度走行による危険運転致死傷　81
  9 運転技能を有しないで走行することによる危険運転致死傷　82
  10 妨害行為等による危険運転致死傷　83
  11 殊更赤色信号無視による危険運転致死傷　84
  12 通行禁止道路の進行による危険運転致死傷　86

第7章　豊かで確かな情状弁護を　87
  1 情状弁護の基本的な考え方　87
  2 具体的な事件を通して考える　88
  3 情状事実を把握する上での留意点　90
  4 厳罰化の傾向と情状問題　91
  5 交通事故発生の要因　92
  6 むすびに　95

第8章　行政処分への対応　97
  1 はじめに　97
  2 基本的なこと　98
  3 行政処分と刑事処分　99
  4 点数制度による処分と点数制度によらない処分　99
  5 一般違反行為とその点数　100
  6 点数計算の例外　101
  7 停止・取消しの処分基準と前歴計算　102
  8 点数制度の問題点　102
  9 意見聴取・聴聞のルール　103
  10 意見聴取・聴聞の実際と問題点　104
  11 意見聴取に向けた準備　106
  12 意見の骨格　107
  13 意見聴取と処分結果　109
  14 むすびに　110

第3編　事例研究

はじめに　113

第1章　正面衝突　対向車線に進入したのはどちらか　**中間陽子**　115
  事故発生　115
  裁判経過と弁護活動の概要　115
  本件の争点と鑑定内容　123
  判決に向かう　126
  判決　128

弁護人としての思い　128
            著者コメント　130

第 2 章　回避できたか　交差点直進車両の横断者衝突…………和田　恵　133
            相談を受ける　133
            検察官の主張　134
            捜査記録を検討する　134
            方針を決める　136
            第 1 回公判を迎える　137
            第 2 回公判に向けて　138
            第 2 回公判当日　138
            争点整理手続　139
            鑑定書の登場　139
            第 3 回公判　140
            再度の実況見分　141
            第 4 回公判　141
            第 5 回公判　141
            第 6 回公判――判決　143
            事件を振り返る　146
            著者コメント　147

    文献紹介　155
    索引　169

第1編
交通事故裁判のあり方

1　交通事故現場見取図から始まる

　ここに実況見分調書に添付されている交通事故現場見取図がある。一部拡大図を付けたり、全体を見やすく書き直したりしているが、元は警察官が書いた手書きのもの、屏風状に折りたたんで実況見分調書に添付され、伸ばせば横に長くなる典型的な交通事故現場見取図である。

　実況見分調書やそれに添付されている交通事故現場見取図には常に「実況」や正確な「現場の見取図」が書かれていると思ってはいけない。「実況」や「現場」は常に正しく書かれているものではない。

　路上の痕跡・地上散乱物・車両の損傷状況等の説明も、被害者・目撃者・被告人など関係者の指示説明も、「ここに何があった」「そこがどうなっていた」「何某はこのように指示説明をした」と受けとめたという見分警察官の認識内容が書かれているものであり、簡単に言えば、その図面は、警察が認定した事故関係像や警察が承認した当事者の説明が載っている書面に過ぎないのだ。

　関係者の供述の聴取や録取はたいていこの図面やその下書き図面を前に置いて行われ、警察の捜査はこの調書や図面の記載と矛盾しないように配慮しながら進められる。そして検察官は警察捜査を確認して最終処分に入るのが一般的なやり方だ。

　以上から導かれる交通事故事件の弁護活動の要諦は明快である。すべての出発点に実況見分調書と交通事故現場見取図の批判的検討がある。

2　交通事故現場見取図を読む

〔現場にさしかかる〕

　この現場見取図に書かれている内容を批判的に検討して、実況見分を考えよう。「加害車両運転者の指示説明」欄を参照しながら読み進んでほしい。

　まず、図面右端辺である。普通乗用車を運転して甲町方面から北進してきた（図面で言えば、上から下に進んできた）被告人の乗用車は、丁字路交差点手前の一時停止線①で一旦停止する。乗員は運転者一人。この交差点は信号機による交通整理が行われていない。

　乗用車は発進する。「右折発進した地点は①」である。交差点を右折し（図面で言えば右から左に進み）、片側一車線の道路を東進する。この調書の他の部分の記述によれば、東西道路は車道幅員が約5.8mである。制限速度40km毎時のこの道路を被告人は45km毎時程度の速度で進行したと言う。

　発進後59.0mの②で「チェンジを四速に入れ」、そこから7.8m進んだ③で「煙草を消すために灰皿に脇見を」する。そしてさらに39.5m進んだ④で「ガードレールを発見し危険を感じハンドルを右に切」る。湖岸道路のこの辺りは東西道路の北側（湖側）の歩道整備がきちんと行われていなかった。未舗装部分があり水路が車道際まで無蓋構造になってい

第1編　交通事故裁判のあり方

【実況見分調書添

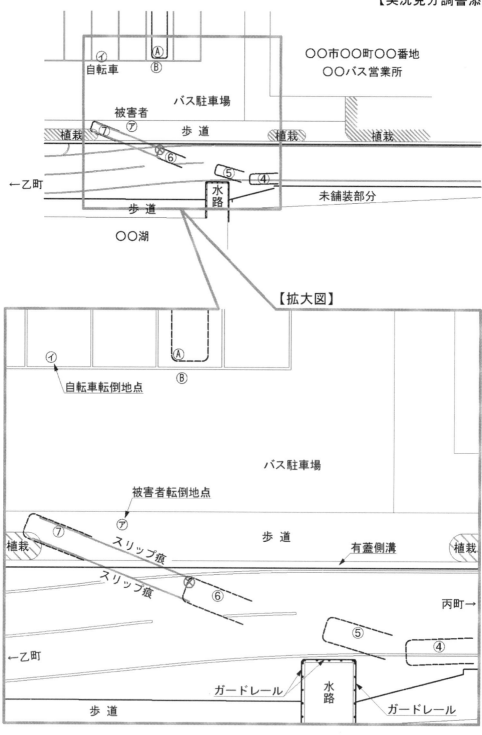

【付現場見取図】

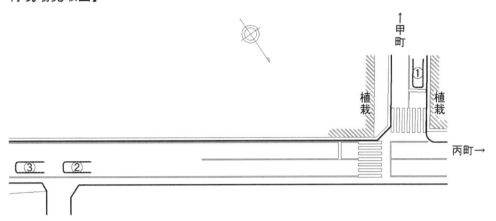

関係距離						
①〜②	59.0 m	⑤〜⑥	10.0 m	⊗〜㋐	6.1 m
②〜③	7.8 m	⑤〜⊗	12.2 m	⊗〜㋑	18.0 m
③〜④	39.5 m	⑥〜⊗	2.2 m	Ⓐ〜Ⓑ	1.6 m
④〜⑤	5.7 m	⑥〜⑦	12.0 m	Ⓑ〜⊗	13.8 m

加害車両運転者の指示説明	
交差点で停止した地点は	①
右折発進した地点は	①
チェンジを四速に入れた地点は	②
煙草を消すために灰皿に脇見をした地点は	③
ガードレールを発見し危険を感じハンドルを右に切った地点は	④
対向車線に進出すると判断し急ブレーキをかけた地点は	⑤
衝突した地点は	⊗
そのとき私は	⑥
相手は	⊗
私が停止した地点は	⑦
相手の人が転倒した地点は	㋐
相手の自転車が転倒した地点は	㋑

目撃者（バス運転手）の指示説明	
バスを停止させた運転席は	Ⓐ
衝突音を聞いた地点は	Ⓑ
物体が宙に舞い上がっているのを見た地点は	Ⓑ
車両が停止していた地点は	⑦
怪我人が倒れていた地点は	㋐
自転車が倒れていた地点は	㋑

たりして、北側（湖側）の歩道を歩く歩行者は無蓋水路のところで一旦車道内に入ってまた歩道に戻るしかなかった。無蓋部分の水路の周囲にはガードレールが設置されていた。

〔事故が発生する〕

被告人は水路脇のガードレールを④で発見し、危険を感じてハンドルを右に切る。図面中に具体的な説明はないが、車両が車道左端から逸脱しかかっている状況描写から、被告人車両が進行方向左側に斜行したことが窺える。「危険」とは「ガードレールとの衝突の危険」を指すのであろう。

右転把して右方に逃げた被告人は、④から5.7m先の⑤で今度は「対向車線に進出すると判断し急ブレーキをかけ」る。しかしそこから10.0m先の⊗で「衝突」する。衝突対象の記述はない。その時「相手」も⊗にいたとの記述や、その後の「相手の人が転倒した地点」とか「相手の自転車が転倒した地点」などの記述から、「相手」は「人」と「自転車」と推定される。被告人は、供述調書中では、衝突の瞬間に衝撃を感じたもののその瞬間まで人影を感じていない、と述べている。

「相手」に衝突した時の自分の位置は⑥で、⑥から⊗までの距離は2.2m、⑤から⊗までの距離は12.2mである。付言すると、実況見分の実務では「車両の位置」は運転席の位置で示すのが普通である。

〔人と自転車をはね飛ばす、そして目撃者の登場〕

乗用車は歩道に乗り上げて⑦に停止し、相手の人は⊗から6.1mの歩道上の㋐に転倒し、相手の自転車は⊗から18.0mの現場南側バス駐車場内㋑にそれぞれ転倒する。

バス駐車場のⒶにバスを駐車していた運転者が「目撃者」として登場する。運転者はたまたまバスの外のⒷにいて衝突音を聞き、音のする方に視線を向けて「物体が宙に舞い上がっている」のを見る。「目撃」時に運転者がいた位置はバスの運転席Ⓐから1.6mほど事故発生道路寄りの車外の地点で、Ⓑから⊗までの距離は13.8mである。

なお、乗用車の最終停止地点と怪我人が倒れていた地点と自転車が倒れていた地点に関する被告人とバス運転者の説明は完全に一致している。実況見分の世界では、関係者の指示説明が完全に一致していることが極めて多い。複数の証言の位置情報が寸分違わぬというのも不思議な話である。

さて、目撃者はこの運転者だけ。目撃状況も上記のことがほとんどすべてであった。

3　裁判の進行と結論

公訴事実から、被告人の過失に関する部分を中心に紹介する。

「丙町方面から乙町方面に向かい時速約45kmで進行するに当たり、前方左右を注視し、道路の安全を確認しながら進行すべき業務上の注意義務があるのにこれを怠り、煙草の火を消すことに気を取られて脇見し、前方不注視のまま漫然進行した過失により、自車を左前方に進行させ、路外左側のガードレールを左前方約5.8mに発見し衝突の危険を感じて右に急転把したため自車を対向車線に進出させ、折から道路右側端（＝対向車線の左側端

のこと。筆者）を対向進行してきた＊＊＊＊（当時88年）運転の自転車を発見しないまま自車前部を同自転車右側面に衝突させて同人を転倒させ、よって同人に頭蓋底骨折等の傷害を負わせ、…右傷害に基づく脳挫傷により死亡するに至らせたものである。」

冒頭陳述では、②から前方150～200mは見通せるほぼ直線の道路であったこと、渋滞状況は特になかったこと、被告人に油断があったことなどが付け加えられた。

被告人・弁護人は公訴事実を認め、検察官が請求した証拠の取り調べをすべて同意してその証拠の取り調べが行われ、次の公判期日には情状証人の証人調べと被告人本人尋問が実施され、その日のうちに論告求刑が行われ（禁錮1年6月）、寛刑を求める弁論も実施された。弁護人は、無蓋水路付近の道路整備がきちんと行われていれば事故は避けられただろうと指摘した。3回目の公判期日には判決が言い渡された。禁錮1年4月の実刑判決であった。

判決の認定事実は基本的に公訴事実のとおりであり、裁判所は、量刑事情として、被告人のために汲むべき種々の有利な事情はあっても、慎重さを欠く運転態度は償いがたく悪質だとした。

4 警察の認定に問題はないか

裁判所の判断は、警察の判断をそのまま受け入れるものであった。

本当にそれでよかったのか。もう一度、交通事故現場見取図に戻ろう。被告人車両の動きや被害者の動静の説明にはこれという矛盾や不合理はないように思えるが、本当にそう言い切ってよいか。

この事件の訴訟上の論点の中から、ここでは本書のテーマに関わる2点だけ述べる。1つは被告人車両の動き、もう1つは被害者の動きである。

〔被告人車両の動き〕

まず、被告人車両の動きの合理性である。被告人は、水路脇のガードレールを④で発見し、危険を感じハンドルを右に切ったと説明する。④からガードレールまでの距離は表示されていない。測定しなかったのだろうか。図上で判断すると④から⑤までの距離（5.7m）に近そうだ。

時速45km程度の速度で走行している車両は、運転者が5.7mほど先に衝突の危険のある物体を発見し、それから転把行動に入った時に、その動きが前輪（操舵輪）に伝わり、現実に前輪に相応の舵角がつき、その結果車両の向きが変ってガードレールに衝突しないように方向転換できるか。時速45kmの車両は5.7mの距離を0.46秒で進行する。5.7mというのは運転席からガードレールまでの距離であり、車両前端部からガードレールまでなら4m以下になる。結論を言えば、現に時速45km程度の速度で走行している車両の運転者は、5.7mほど先に衝突の危険を感じる物体を発見した場合、どのように努力しても（その物体が右転把により最も衝突を避けやすい車両前方左端の前方にあったとしても）当該物体との衝突を回避できない。

しかし、本件では、被告人車両は現実に衝突していない。衝突を避けられたということは、「被告人は水路脇のガードレールを目前の④で発見し、危険を感じてハンドルを右に切った」のではないからである。おそらく、④よりかなり手前の位置で衝突の危険を感じ、ハンドルを右に切っているのであろう。そのことが被告人の過失の有無・程度にどう影響するのかは別に検討しなければならないが、見分警察官の判断に不合理があることは否定しがたい。

〔被害者の動き〕

被害者の動きはどうだろうか。目撃者は、被告人車両が被害者に衝突した瞬間を見ていたわけではない。実際、目撃者と言っても、ドンと音がする方を見たら被害者が倒れていたとか、物体が飛んでゆく様子が見えたというような話が多い。文字どおり衝突の現場を目撃した者は希有に近い。また、Ⓑから⊗までの距離が13.8mもあるとすれば、それは目の前の光景でもない。どれだけ正確に見ているのか。

さて、被害者は本件事故発生の直前にどこにどのような状態でいたのだろう。自転車利用中であったことは推定できるとしても、「折から道路右側端を対向進行してきた」（公訴事実）と言える根拠は何か。事故時に自転車を押し歩いていたのか、運転していたのかさえわからないのではないか。

どうして衝突地点を⊗に特定したのだろう。被告人自身その点の認識ははっきりしていないし、路上の痕跡もない。少なくとも現場見取図には記されていない。おそらくガードレール辺と被告人車両の最終停止位置辺を結んだ直線と道路右側端辺（バス駐車場寄り車道端部辺）が交わる点あたりを衝突地点と推定したのだろう。警察官はこの被害者は道路右側端辺を西進してきたものと決めているのである。しかし、その事実を証明する具体的な根拠はない。

衝突後に被害者とその自転車は飛ばされて路上に停止した。その位置に注目しよう。㋐と㋑である。⊗から㋐までは6.1m、⊗から㋑までは18.0mである。人と自転車では、自転車の方が摩擦係数が小さく、滑走しやすいから、人が自転車より手前に最終停止しているのは当然としても、両者の移動距離が3倍も違うというのは理解しにくい。本書巻末表2によれば、時速45km程度の速度で跳ね飛ばされた被害者の移動距離は10数mのはずである。実際の衝突地点はもっとガードレールに近い位置だったのではないか。

被害者の放出初速度を時速$v$km、実際の衝突地点は⊗よりタイヤ痕に沿ってDm手前であったとして、被害者、自転車の放出初速度と移動距離に関するvとDの連立方程式をたて（第5章例題⑳参照）、これを解けば、$v=45.8$(km/h)、$D=11.1$(m)になる。衝突地点は被告人車両が⑤の辺りにいたときと考えた方が合理的である。

この被害者はいつもこの車道の湖側（図面下側）の歩道を自転車で通っていたという遺族の説明がその後に登場してきた。その結果、被害者は湖側の歩道を西進し（図面で言えば左から右に進み）、無蓋水路の部分で車道内に出たところを被告人車両にぶつけられた可能性に結びつく話であった（自転車に乗ったままだったのか、押し歩いていたのかはわからない。）。

5　非科学は裁判所を覆う

　被告人が控訴した後に、本件事故の発生態様は起訴状や判決が論述するものとは違うのではないかという疑いが浮上した。控訴趣意書の中で、控訴審弁護人は被告人の転把行動の実情や事故発生直前の被害者の動静に関する新たな主張を展開した。控訴審裁判所はこれにどう応えたか。

　高裁は、被告人本人を調べることにしたほかには、弁護人提出の調査報告書など若干の証拠を採用しただけで、事故状況を調べ直す気などまったくなく、超短期に結審した。控訴審判決の事実認定は原審のそれとまったく同じであった。被告人の転把地点に関する弁護人の主張に対して控訴審裁判所はこのように言った。

　「人間の反応時間は個人差が著しく、運動神経が発達していれば右程度の時間（0.5秒に満たない時間＝著者）で転把行動に入ってその効果を生じさせることも可能であると考えられる。…事故当時被告人は自動車の運転を趣味とする25歳の青年であり、被告人の右説明が不合理であるとはいえない。」

　話にならないとはこのことである。高裁は、原判決言い渡し後に示談が成立したことなどを理由に、原判決を破棄して執行猶予を言い渡したが、事実認定だけは原審の判断を「死守」した。何も言わなければ裁判所の知識不足は暴露しなかった。危険認知がもっと手前であったとしても被告人の過失は揺がないというような理屈を展開すれば、それは一つの見識ではあり得ただろう。しかし、裁判所はそうも言わなかった。ここまで具体的に自説を開陳したことで、判事諸公はその知的水準をさらした形になった。裁判長は判例重視を格別に強調したことで知られるエリート裁判官であり、両陪席の裁判官はともに最高裁判所の調査官をつとめた人たちであった（筆者はこの事件の控訴審段階の弁護人であった。）。

　「自動車のメカニズムと科学性に対する裁判所の無知と無理解には驚くべきものがある。形式的な論理だけがかろうじて一本の糸のようにでも繋がっておれば、巨大な底辺を持つ常識や実情などあえて切り捨てても、有罪判決にしがみつくといった態度では、裁判所の無理解と非常識をみずからさらけ出すようなものでしかない」とは、交通事故裁判の実態に詳しい法律実務家による37年も前の述懐である（森美樹「刑事交通事件と弁護人の弁護活動」判例タイムズ262号）。何十年が経過しようとも裁判所は依然として科学とはかけへだたった世界にあり、今日に至ってもその事態はほとんど変わっていない。まことに憂うべきは刑事裁判の現状である。

6　現場から状況を変える

　交通事故裁判の基本には科学的な事件観がそなわっていなければならない。本書は、その観点に立って、交通事故裁判の現状を変える力を刑事弁護活動の中から生み出してゆく

第1編　交通事故裁判のあり方

ことを目標とする。

　交通事故裁判の科学化の必要は、有罪・無罪の別を問わず、刑事・民事の別も問わず、すべてのケースについて等しく言えることである。交通事故事件に関わる実務家諸氏が科学的な執務の実践に一層精力を注がれるよう心から期待したい。

　　（注）　長さの表示は、交通事故の捜査や裁判の実務ではセンチメートル、メートル、キロメートルのようにカタカナ表記をするのが普通だが、科学技術の世界ではcm、m、kmのようにアルファベット小文字表記をするのが普通である。科学分析を主とする章とそれ以外の章で表記方法を変えるのは好ましくないと考え、本書では引用部分などを除きアルファベット表記を用いている。裁判上の書面などではカタカナ表記をするよう注意されたい。

第2編
基本活動

第1章
調査し資料を収集する

　実情の調査と資料収集に全力を尽くすことは弁護の第一歩である。捜査段階で依頼された事件でも、公判段階で依頼された事件でも、当該事件に関する情報を正確に把握することからすべてが始まる。
　考えられる実情調査と資料収集を具体的に挙げよう。

1　本人から事情を聴き取る

　本人から事故状況を詳細に聴き取ることは当該事案の実情を正しく把握する重要なきっかけになる。
　車両と車両が衝突した場合、衝突の開始から終了までの時間は0.2秒程度である。車両と人の衝突でも両者の接触時間は極めて短い。事故現場に到達するまでの運転経過とか事故発生後の対応の経過など、時間をかけて体験する事象は記憶にとどまり易いが、事故状況については当事者自身もよく認識できていないのが普通である。記憶の空白に気づいていない当事者も多い。無意識のうちに空白を埋める意識が働き、経過を認識していると思ってしまうのである。
　本人の説明にのみ依拠して状況を把握するのは危険であることを念頭に置いた上で、しかし聴き取りは実情を把握する契機として最大の注意を払わなければならない。
　本人は、多く現場の実況見分に立ち会い、警察官に「指示説明」をし、警察で取り調べを受けている。検察の取り調べも終わっている場合も少なくない。そのため、多くのケースでは、事故状況に関する本人の認識には事故状況に関する捜査当局の評価が色濃く影を落としている。状況がよく理解できていない本人に、捜査官がこの事故はこうだったのだと解説し、本人もそうだったのかも知れないと「納得」している。そこには事故状況に関するある種の「合意形成」がある。
　本当はどうだったのかを丁寧に聴き、捜査官との間でどういうやり取りをしてその調書ができあがったのかを詳しく聴き出すという、絡んだ糸を解きほぐすような作業がいる。多くの場合、本人自身が自発的に供述したと思っていることに注意する必要がある。本人

自身が強く思い込んでいたり自分なりの理屈を作っている場合もある。客観的な事実を正確に聴き取るにはかなりの苦労がいる。

聴き取りは可能な限り早い時期に行う。それも事務所で聴くだけでなく、なるべく事故現場でも聴く。現場の様子が変わってしまうからという理由もあるが、それ以上に「机上の空論」を避ける必要があるからである。現場の模様、明暗、交通状況、交通規制状況などについて、事故発生時に近い条件のもとで説明を求めることは、本人が記憶を喚起する良い機会になり、「合意」の殻を打ち破る契機にもなる。

本人の説明は時間をかけて聴く。本人に暗示を与えてはならない。交通事故現場見取図の記載は自身の頭に入れておく必要があるが、その記載の確認を求めるように「このようだったのか」などとリードするのは不適切である。現場見取図を見せながら聴くのはいっそう好ましくない。現場聴き取りをくり返すと、そのたびに状況や位置の説明が異なることがある。事故状況に関する本人の認識はそれほど曖昧で幅があるものである。

現場では実況見分の経過も聴く。事故状況に関する「合意」は実況見分の段階で形成され、取り調べは多くの場合、実況見分の結果を固める過程である。現場における本人の指示説明の実情を丁寧にただしていくと、警察官の誘導がしばしば明らかになる。

2 関係者から事情を聴き取る

同乗者や目撃者など、事故に関わりのある人たちから事情を聴くことは極めて大切である。本人が記憶を喪失している場合や記憶に混乱を生じている場合でも、同乗者は事故前後の状況を記憶していることが少なくない。

予期しない瞬間の事象に関する認識の不確かさは本人の場合と同じだが、本人の説明を補うものと位置づける。本人の乗車位置と異なる角度からの視認状況や、本人の運転状況に関する観察が本人の説明を補強することがある。また、実況見分を近くで見ていた同乗者も、実況見分の様子を把握していることが多い。

相手方（車両）の視認状況、車両相互の位置関係や車両と人の位置関係、事故直後の状況等をできるだけ詳しく聴く。好意同乗者の供述は信頼できないと言われることがあるが、要はその説明に説得力があるかどうかである。好意同乗者は状況説明者たりえないということはない。

目撃者からの事情聴き取りは極めて重要である。事故発生状況を真実目撃している例は意外に少ない。「衝突音を聞いて音が聞こえた方を見たら人が飛んでゆくところが見えた」というような場合が多い。交通事故の目撃者とは「事故直後の状況を見ていた人」を言うと定義してもよいくらいである。しかし、「事故直後の状況」を知ることも事案の解明に役立つ。交通事故は公衆が行き交う道路で起き、事故現場に野次馬が参集することも多いが、そのほとんどは事故発生状況を目撃していない。目撃していても面倒なことに関わりたくないという意識が働くという問題もある。交通事故は見ている人が多い割に有益情報が浮上しにくい特殊な事件である。

道路脇に目撃者探しの立て看板を立てたり、人が集まる店舗の店頭などに目撃者探しの

ポスターを張り出したり、路線バスなどに中吊り広告を出したり、新聞紙折り込み広告を行ったりする。直接現場付近の居住者などを対象に聞き込みを行うこともある。

　捜査側は、「目撃者がいるぞ」と言って過失を認めさせようとすることがある。「働きかけ」を懸念して目撃者の名前や連絡先を被疑者や弁護人に教えたがらない傾向もある。「目撃者がいるぞ」という話は、被疑者から自白（過失の自認）を引き出す「たたき割り」かも知れない。被疑者や弁護人とすれば、目撃者に実情を正確に説明してほしいと言いたい場合もあろう。目撃者と連絡を取りたいという被疑者や弁護人の要望に捜査側は誠実に応えるべきである。

3　事故発生現場を調べる

　自動車事故事件では、現場調査は不可欠である。依頼を受けたときには事故時からすでにかなりの時間が経過していることもあるが、現場調査はよほどの事情がない限りしっかり行う。現場では、①事故に関わりがあると思われる痕跡、②道路状況、③交通状況、④交通規制状況、⑤交通安全施設状況などを調査し、事故状況に関する指示説明を本人などから受ける。

　調査時に携行する道具は、各種筆記用具、画用紙、ストップウォッチ、巻尺、コンベックス、カメラ、ビデオカメラ、全天候型チョーク、ガムテープなど。必須用品は、チョーク、ガムテープ、巻尺。あればよいものは、計算機、写真撮影用スケール、トランシーバ、テープレコーダ、懐中電灯など。ウォーキングメジャー、レーザー距離計、防寒具などがあるとさらに好都合である。

　記録しやすいように筆記用具は豊富に用意し、風雨の中の作業になることも考え、書き込む用紙は厚手のものにする。車両の走行速度などが問題になるときにはストップウォッチや計算機がいる。わずかな距離の測定ならコンベックスを用い、ある程度以上の長さの測定は巻尺で行うが最近は警察もウォーキングメジャーを多用している。検尺数値を写真に記録したり、写真上で確認するには、離れた距離からでも目盛りを確認しやすい写真撮影用スケールが便利である。路面上の必要な箇所にチョークやガムテープで印をつけ、適宜撮影する。筆記の代わりないし補強に録音を薦めたい。スマホは静止画、動画、音声記録のほか、ストップウォッチなど利用価値の極めて高いツールである。

　速度測定をするなど離れた地点に分かれて作業をする場合には、その距離が2〜30m程度でもスマホを使う。なお、ビデオ記録が有効な場合が多い。

　現場調査の参加者はできるだけ多くする。巻尺を使う距離測定作業でも最低2人は必要になり、記録担当、安全確保担当などを考えると人員はどうしても相応に必要になる。ただし、ウォーキングメジャーなら1人で測定でき、レーザー距離計は移動を要さず測定ができる。ほとんど戸外の作業であり、夜間の作業になることもあるので、懐中電灯や防寒具も準備したい。なお、位置特定や安全確保のためには三角コーンがあるとなお好都合である。道具の説明やその使い方については別章を参照してほしい。

　路面の痕跡などを簡易かつ比較的正確に記録する方法として、自分の目の高さから直下

に向けた路面の正対写真（角度をつけず正面から撮る写真）を碁盤の目のように撮影する方法がある。完成写真を継ぎたすと付近全体の路面の平面写真になる。

4　事故車両を調べる

　事故の痕跡が残っていることが多い車両の調査は重要である。
　まず自車である。警察に領置される場合もあるが、捜査が終われば戻される。本人が弁護を依頼する前に修理を済ませたり、廃車処分をしているときもある。その場合には、事故直後に車両を調べた保険会社や修理業者などを通して撮影写真を入手する。撮影枚数は一般にあまり多くないが、貴重な資料である。なお、再現性を考え、業者からは紙焼き（印画紙）だけではなくデジタル情報も入手しておくことに留意する。
　弁護依頼時に本人が自車を保管していれば、その調査にとりかかる。車両は腐食が進行するので、調査はできるだけ早く行う。車両のどの部分の損傷や変形が意味をもつことになるのかわからないから、隅々までよく観察し、撮影する。
　記録方法はスケッチメモと写真撮影が中心になる。とりあえず豊富に撮影する。1台の車両の撮影に50枚（箇所）以上は撮りたい。事故車両の撮影に慣れていないとこの撮影枚数は実際には大変な作業になるが、それでも後になってから解析専門家からどこそこの部分の写真がないなどと指摘されたりすることがある。
　車両の全体像を前後左右の4方向から撮る。可能なら正対撮影をする。広角レンズの使用が有効である。正対写真は車両の全体的な歪みや外力の方向性を判断するのに役立つ。損傷部位をさまざまなアングルから撮影するほか、損傷のない部分の撮影も行う。損傷がないことが事故の実情を知る資料になる場合がある。車内各部、とくに車体の変形に対応した車内の異状にも注意する。路上の痕跡との符合が問題となることがあるので車体下部にも注意する。車体下部の損傷や痕跡が問題になる可能性をはらむ事案なら、車体をフックでつり上げるなど工夫をして下部各部を撮影し、損傷や痕跡の部位を近接撮影する。
　これらの撮影には、できる限り写真撮影用スケールを写し込む。カメラはできるだけ一眼レフを使用する。一眼レフなら広角レンズが使用でき、近接撮影もできる。コンパクトカメラでは適切な撮影にならない場合が多い。なお、写真解析にそなえて使用機種名と使用レンズ名を記録しておく。
　警察はステレオ写真を撮り、道路状況や車の変形状況を図化することがある。図化機は一般には利用できないが、ステレオ写真は素人でも撮れる。ステレオ写真はビュアを使えば、通常の写真でははっきりしない微妙な凹凸状況なども把握できるので、有効な証拠資料の一つになる。ビュアはカメラ販売店で売っている。簡略な手法としては、一般のカメラを左右に少し（6～7cmほど）ずらして撮影しただけでも被写体を立体視できる。
　次に、車両対車両の事故の場合の相手方車両である。
　相手方の車両は自車のように自由に撮影できない。事故直後なら、警察の中庭や駐車場などに置かれている場合が多いから、事実上撮影が可能な場合もある。撮影できるのであれば必ず撮影する。撮影上の注意事項は自車の場合と同様である。日にちが経過している

ときは車両が相手方に引き取られていたり、廃車になっていたりすることがある。相手方が保管している場合には困難を伴うが、相手方車両の保険会社に掛け合うなどして、両者立ち会いのもとでも撮影を追求したい。

撮影した写真は紙焼き写真だけでなく、デジタルデータを保存する。紙焼き写真の情報量は乏しい（明るさを変えた結果、暗かった部分に履き物が落ちていることが判明したりする）。

撮影レンズはおおむね標準ズームでよいが、対象物によっては超広角を使うこともあり、路上痕跡の近接撮影をすることもあるので、使用レンズの幅は広く考えたい。どこを撮影したのかはっきりしないと実際に使えない。まず広範囲に撮影し、次に当該目標部分に絞って撮影する重ね撮りをする。撮影範囲に道路中心線、通行区分線、路側線などの基準標を写し込む。それらは道路方向を示す重要な基準標になる。電柱も指標になる。基準標といっしょに撮影すれば、対象物の位置はかなり正確に再現でき、痕跡の長さや大きさや位置を明らかにすることができる。

撮影機種や使用レンズの記録はここでも有効である。撮影年月日、撮影時刻を記録し、また正確な再現のためにデジタルデータを保存する。

5　被害者を調べる

被害者の身体や着衣などに残された痕跡は、事故状況を解明する貴重なデータである。

しかし、被害者の身体のどこにどのような傷害があったのかとか、被害者の着衣のどこにどのような損傷や汚れがあったのかということは、容易には知りえない情報である。捜査段階では、基本的には捜査官から聞き出すしかないが、警察はなかなか開示しない。

公判段階なら、取り調べ請求予定の捜査報告書や診断書、死亡診断書、死体解剖所見等のほか、写真撮影報告書などの形で被害者の身体の各部や着衣等の撮影写真が開示されることがある。その場合は弁護人はこれを閲覧、謄写して調査を開始する。

診断書を書いた医師や解剖医に面会して詳しい状況を尋ね、ケースによっては独自に専門医に前記の各書面を分析してもらう。着衣の損傷や汚れ等については、工学上の分析が必要になることがあり、その分野の専門家への協力要請を検討する。

6　捜査資料を入手する

捜査段階では、捜査側は手持資料を通常弁護側に開示しないために、弁護人としては捜査側が本人の過失をどのように把えているのかはっきりしないことが多い。本人の身柄が拘束されている場合でも、勾留状の記載では過失の内容を知る資料としては漠然とし過ぎている。捜査側は被疑者の対応を懸念したり、被疑事実の内容が変わる可能性を考えたりして、過失の内容を弁護人に開示することを厭う傾向があるが、問題である。

弁護人としては、捜査官に対して被疑事実を明確にすることを求め、その内容によっては、事実を誤認しているとか捜査当局が想定する事故像は正しくないなどと論争を挑む必

要がある。弁護人の主張が合理的であれば、これから展開される被疑者の抗争や起訴後の弁護人としての抗争を予測して捜査当局もその場限りの対応ではすまなくなる。弁護人としては、論議を通じて捜査側が捉える過失の内容と問題点をできる限り明確にするように努める。

公判段階であれば、第1回公判期日に先立ち、弁護側の請求に基づき捜査段階に作成された捜査調書類の一定部分が弁護側に開示される。弁護人は急ぎそれらの刑事記録の検討に取りかからねばならない。捜査段階から弁護活動を受任しているなどの事情がなければ事件の検討には通常かなりの日数を要する。第1回公判期日を不用意に早い時期に入れてはならない。

開示された取り調べ請求証拠は謄写する。「争いそうな事案なら謄写する」という態度は正しくない。争うのかもどこを争うのかも、すべては記録を検討した結果決まるものである。

記録中の写真をコピーだけですませるのは不適切なことがある。鑑定に利用することもあり、写真撮影の方法には工夫が要る。直下撮影に使用できる三脚を使い、目的の写真を平らに押さえ正対写真を撮る。近接撮影なので、カメラはマクロレンズをつけた一眼レフを用いる。スナップ風に撮ってはいけない。斜めに写ったり小さく写ったりすると、分析資料としての価値は低くなる。入手資料の漏れや混乱を避けるため、写真類はカラーコピーもとる。室内の通常の明るさで三脚を用いれば、ストロボなどの照明は要らない。

7　事故証明書や自動車登録事項等証明書を入手する

交通事故証明書を申請するには、最寄の警察署か派出所、交番で交通事故証明書申し込み用紙をもらう。申し込み用紙には郵便振替用紙が添付されている。裏面の「交通事故証明書交付申請書」に必要事項を記入した上、証明書交付手数料を郵便局から払い込むと、自動車安全運転センターから証明書が郵送されてくる。

事故証明書の交付を申し込めるのは、交通事故の当事者（加害者・被害者）と証明書の交付を受ける正当な利益のある者（損害賠償請求権がある親族、雇主、保険金の受取人等）である。代理人として弁護士が直接申し込むこともちろん可能である。

証明書が発行されるのは、事故を取り扱った警察署から事故証明資料が自動車安全運転センターに届いているものに限られ、警察が把握していない交通事故については発行されない。なお、交通事故証明書は人身事故だけでなく物損事故についても発行されるが、その別は証明書の末尾部分に明示される（次頁参照）。

次に、自動車登録事項等証明書である。自動車登録事項等証明書は、登録事項その他自動車登録ファイルに記載されている事項を公証する書面である。最寄りの運輸支局（例えば、東京なら国土交通省関東運輸局の東京運輸支局）かその下にある各地の自動車検査登録事務所（東京なら、足立・練馬・多摩・八王子にある）で証明書を請求できる。

申請の際、自動車登録番号（ナンバープレート）または車台番号、所有者または使用者の氏名・名称を記入する。これらの事項は事故証明書に従って記入する。申請には申請者

第1章　調査し資料を収集する

交 通 事 故 証 明 書

の判が必要になる。郵送申請はできない。廃車車両の登録事項等証明書は交付されるまで日数がかかり、受領時に申請者の判が必要になる。なお、250cc未満のバイクには車検制度がない。

　自動車登録事項等証明書は行政書士に申請を依頼することもできる。各地の陸運事務所の近くにはたいてい行政書士の事務所がある。

　車両に関するデータの基本になるのは、車長、車幅、車高などのサイズと車両重量など重量関係のデータである。自動車登録事項等証明書によって車両に関するデータを正確に把握する。事故車両と同一車種のデータが掲載されたカタログもあるが、特別仕様車や外車などの場合、カタログがないことや入手しにくいことがある。また、カタログに掲載されている数値と実際の数値が異なることもある。カタログに□□年型と書いてあっても、車両にバリエーションがあってカタログのどれにあたるのかわかりにくいこともある。カタログの数値はその車両のデータと一致しているとは限らないが、自動車登録事項等証明

書には当該車両の実際のデータが掲載されている。

8　事故車両の図面やデータを入手する

　サイズや重量などの基本データは自動車登録事項等証明書でわかるが、実際の形状はカタログなどで知ることになる。メーカーやディーラーに出向けば、事故車両と同一車種の図面やデータが記載されたカタログを入手することができるが、ウェブ情報で入手できるデータも多い。

　メーカーが国土交通省に提出する車両のデータを諸元表という。諸元表には、全長×全幅×全高、ホイールベース（軸間距離）、トレッド（左右の車輪間の距離）前×後、室内（内寸）長×幅×高、車両重量、車両総重量、登坂能力、最小回転半径、エンジン型式などの数値が記載されている。

　実況見分調書や事故証明書で車両番号を特定する→自動車登録事項等証明書を入手する→カタログ・諸元表を入手する、と進む。諸元表はメーカーやディーラーに交渉して手に入れることになるが、これもウェブ情報で入手できる場合が多い。

　基本的な情報は「自動車ガイドブック」（社団法人自動車工業会編集発行）を利用する。その年に発表生産されたすべての国産自動車（乗用車・二輪車・ライトバン・トラック・特装車・バス）の基本的なデータが掲載されている。掲載情報はその年に発表された車両に限定されるので、古い車両の場合はバックナンバーを見る必要がある。国産車については、同法人の自動車図書館（東京）で国産メーカーの全カタログが閲覧できる。

　自動車登録事項等証明書から得られる情報は、前述したとおり外形寸法や重量関係にとどまり、それ以外のデータを知るにはカタログや諸元表が必要になる。カタログはメーカーが広告宣伝用に作成するもので、代表車種の正面図、平面図、側面図の三面図（後方正面図を合む四面図の場合もある）が掲載されていて、解析には多くこれを用いる。カタログに三面図が掲載されていない場合や当該車両が代表車種ではない場合には、車両の型名を特定してメーカーかディーラーから直接取り寄せる。

　トラックは標準仕様のままでないものが多いので注意を要する。

9　現場の道路図面を入手する

　一般道路では、一般国道、都道府県道、市区町村道など道路の管理者別に道路図面の管理場所が異なる。高速道路や自動車専用道路についても個々の事故発生場所に対応して道路図面の管理場所が異なる。

　一般国道の場合、各地方の建設局でどの事務所に図面があるかを聞く。東京都内の国道を例に挙げて入手方法を説明すると、国土交通省関東地方建設局東京国道工事事務所が道路図面を作成、管理している。郵送申請は認められていない。閲覧表に所定事項を記入して閲覧を申請する。「路線名」や「閲覧する区間」は交通事故証明書の事故現場の記載を参考に記入する。

都道府県道の場合、各都道府県の土木事務所で入手する。どの土木事務所に図面があるかは都道府県庁で聞く。担当部課は、建設課、土木課、道路管理課など自治体によって異なる。市区町村道の場合、市区役所や町村役場で入手する。担当部課名は都道府県の場合と同様にいろいろである。

　高速道路の場合、日本道路公団管理事務所で所在を尋ね、地方管理局で入手する。自動車専用道路の場合、それぞれの管理法人に問い合わせて入手する。

　閲覧の方法やコピーの可否、料金などの対応は各所さまざまである。コピーはできるだけ広い範囲でとる。事故分析をする中でもう少し先の部分までとっておけばよかったと後悔することがある。縮尺は普通500分の1であるがそうでないこともある。できるだけ縮尺率の小さい方（縮尺率の小さいことを専門家は「大縮尺」と言い「500分の1より200分の1の方が大縮尺である」というように使う。）が分析に好都合である。

　道路図面には通常、タイトル、縮尺、方位などが記載されているが、対象地点の周辺だけコピーして、これらのデータの記載部分を外してしまうことのないように気をつける。

　事故原因を解明するには、擦過痕やタイヤ痕などの痕跡が道路上のどの位置にあるのかを正確に知る必要がある。現場の正確な再現はあらゆる分析の前提となる。捜査機関が作成する実況見分調書添付図面は多くの場合あまり正確な図面ではない。とくに道路の線形や交差点の交角などはいい加減な場合が多い。傾斜の程度などがはっきりしないこともある。

　実況見分調書に書き込まれた数値は少なく、書き込まれていても不明確な場合がある。図面上の数値だけから現場を再現するのが困難なことが多い。そのために道路図面が必要になってくる。道路図面には多く路面の傾斜度なども記載されている。

　なお、道路図面は設計段階で作成された予定図面であるから、設計どおりに施工されず、現場と道路図面に違いがあることもある。その点の注意が必要である。

　路上構築物などは基本的に道路図面に記載されているが、道路完成後に路面にペイントされた車両通行帯の区分線や路面標示などは記入されていない。現場で測定した結果に基づいて道路図面に記入する必要がある。現場に道路図面の拡大コピーを持って行き、車両通行帯や路面標示などの位置を書き込む。

　検察官に撮影写真のデータの保管の有無や保管官署・部課名などを聞き、保管の継続もしくは検察庁への保管替えを要請する。弁護活動の展開如何で、データ自体の分析を要することも考慮しておく。

10　車載の諸データを入手する

　ドライブレコーダが装備されている車両なら、そのデータの入手と解析が欠かせない。タクシーや長距離輸送のトラックなどには運行記録計（タコメータ）が装備されていて、解析はおおむねメータの製造会社が引き受ける。最近増えてきたデジタルタコメータの場合、最高速度・平均速度・急発進・急減速などのデータが詳細に記録されており、あらためてメータ製造会社に解析を依頼する必要がない。いずれも正確性に関するチェックが必要であるが、活用できるデータである。

第 2 章
用具を活用する

　交通事故事件の調査にはそれなりの用具が必要だ。少なくともいくつかの用具があったほうがよい。何もないまま無手勝流でふらりと現場に行くのは、行かないよりはましだが、現場調査という以上はある程度の用具は用意すべきである。高度用具を準備しなくても、簡易で比較的安価な用具でそれなりの成果を挙げることが可能である。

　距離を測る用具、記録する用具、その他の用具について、使用上の工夫を含めて説明する。

1　巻尺

〔布製30mがよい〕

　現場の検尺や測量に当たって最も基本的なツールは巻尺である。2地点間の距離を測るのに用いる。実際には、それだけでなく道路と道路の交角を求めたり、路面に垂らして高さを測るのにも使える。

　化学繊維の芯をナイロンなどでコーティングした布製のものと金属製のものがある。金属製巻尺はテープの断面が平たい「－」の形をしているもので、断面が山なりの「⌒」の形のコンベックス（後述）とは別のものである。

　金属製巻尺は特に高い精度が要求される測定に用いるが、扱いに慣れないとエッジで手を切ったり、車両に轢かれて折れたりして使いにくい。道路現場の調査には布製巻尺のほうが使いやすく、精度もそれで十分である。実況見分でも布製巻尺が使われている。長さは10m、30m、50m、100mなどがあるが、1個用意するのなら30mがよい。たいていの検尺は「測り足し」や「くり返し測り」なしの1回ででき、大き過ぎなくて持ち運びに苦労しない（口絵①参照）。

〔読み取り側がリーダーになって作業する〕

　使用時の注意点を説明する。0点（目盛の原点）の位置に注意する。0点は普通ストラップのついた末端から少し離れたところにある。0点の位置を間違えていたことに気づかないでいると、後にすべての巻尺測定値から20cm引かなくてはならないこともある。測定

第2編　基本活動

に先立ち、0点側を受け持つ人に0点の位置を必ず確認させる（口絵②参照）。

　巻尺による計測は0点側の人と読み取り側の人と記録係の3人で行う。計測はテープがたるまないように引っ張った状態で行う。0点側は0点を所定の場所に合わせてしっかり固定する。靴で踏んで固定してもよい。所定の場所に固定したことを声や動作で読み取り側に合図し、それを受けて読み取り側は強く引っ張り、その状態を保ったまま目盛を読み取る（イラスト参照）。

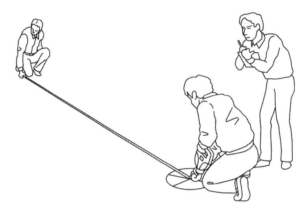

〔声に出して目盛りを確認〕
　計測に慣れた人でも目盛の読み取りミスをする。実況見分調書の交通事故現場見取図中にも、その数値では作図ができない検尺数値が記載されていることがある。その原因の多くは目盛の読み取りミスと思われる。これを防ぐために、例えば「12.34m」なら、「12m」の目盛（m単位の目盛は目立つように大きく書かれている。）から始めて、「12m」、「12.1」、「12.2」、「12.3」、「12.34」と声に出し確認しながら読み取ってゆくのがよい。記録係も同時に目盛を目視し、「12.34m」と復唱して記録する。
　交通量が多くその場で安全に目盛を読み取れない場合には、読み取りたい目盛のところを指先で押さえたまま歩道など安全な場所に移動して目盛の確認と記録を行う。

〔安全確認が大切〕
　巻尺の使用時には、巻尺が車両に引っかけられたり車底部に巻き込まれないように特に気を付ける。簡単に切れない布製巻尺は車両に巻き込まれると危ない。特にたるんだ巻尺は車両に巻きこまれやすい。車両が接近したらすばやく巻尺を撤収するか、路面から浮かないように巻尺を地面につけてピンと張った状態でその上を通過させるかする。
　巻尺を無視して通過していく車両はあまり多くない。道路脇に人が立っているだけで注意して減速し、巻尺などに気がつくと直前で停止したり最徐行するドライバーが多い。作業の状況や巻尺の状態により、走行車両を停止させるか巻尺の上を通過させるかをすばやく決めてその意思を運転者に明確に伝え、運転者を迷わせないようにする（イラスト参照）。

　巻尺のクランクを1回転させると巻き取り軸が数回転してテープを高速で巻き戻せるギア付きの巻尺がある。50m引き出したテープでも数秒で巻き戻せるもので、現場調査にはこれを使うよう薦めたい。

〔上手な応用法〕

　巻尺は2点間の距離を測るだけでなく、いろいろに応用できる。2つの例を紹介する。

　交差道路は常に直角に交差してはいない。第一は、その交差道路の交角を求める方法である。交差点の1つの角に図1のように△ABCをとり、3辺の長さを測る。∠Aが求める交角である。三角形の形状は問わないが、誤差を小さくするために大きい方がよい。定規とコンパスでBC＝11.3(m)、CA＝7.0(m)、AB＝8.0(m) と相似の三角形を作図し、分度器で∠Aを求める。CAD（Computer Aided Design）があれば△ABCを作図して∠Aを求めるのも簡単である。計算で∠Aを求める方法については、注参照。

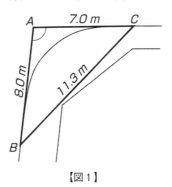

【図1】

（注）　3辺の長さ BC＝a、CA＝b、AB＝c の間には、
$$a^2 = b^2 + c^2 - 2bc\cos A$$
という関係がある（第2余弦定理という。）。変形して$a=11.3$(m)、$b=7.0$(m)、$c=8.0$(m)を代入すると、

$$\cos A = \frac{b^2+c^2-a^2}{2bc}$$

$$\therefore A = \cos^{-1}\left(\frac{b^2+c^2-a^2}{2bc}\right) = \cos^{-1}\left(\frac{7.0^2+8.0^2-11.3^2}{2\times 7.0\times 8.0}\right)$$

$$\therefore \angle A \fallingdotseq 97.5°$$

と交角が求められる。$\cos^{-1}(Z)$はcosの逆関数で、cosの値がZになる0～180°の間の

角度を表わす。計算は関数電卓かExcel等の表計算ソフトで行う（Excelではcosの逆関数の関数名はACOS。）。なお、角度を簡便に求める早見表を巻末表1に示す。

　道路がカーブしている時にその曲がり具合を適当に書いてはいけない。第二は、道路中央線の曲率半径を求める方法である。中央線上の2点A、Bにゆるまないように巻尺を合わせる。A、Bのいずれか一方に0点を合わせABの長さは10m、20mなど中点を取りやすい適当な長さにする。A、Bの中点Cを通るABの垂線が中央線と交わる点Dをとり、CDの長さを後述のコンベックスなど別の物差しで測る（中央線ADBが円弧のとき、ABを「弦」、円弧と弦に囲まれた図形を「弓形（ゆみがた）」、CDを弓形の「矢（や）」という。）。実際にはCDとABの垂直性はあまり気にせず、点Cから中央線までの最短距離を測ればよい（イラスト参照）。

　　AC＝CB＝a、CD＝bとすると、曲率半径Rは、

$$R = \frac{(a^2 + b^2)}{2b}$$

と表わされる。$a=10\mathrm{(m)}$、$b=0.2\mathrm{(m)}$ を代入して、図の中央線の曲率半径は、

$$R = \frac{10^2 + 0.2^2}{2 \times 0.2}$$
$$= 250.1\mathrm{(m)}$$

である。

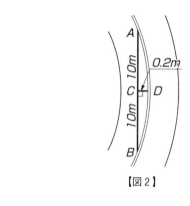

【図2】

2　コンベックス

　「コンベックス（convex）」とは凸面のこと。断面が「⌒」形の金属製の小型巻尺である。自立性があり、テープ幅によっても異なるが、垂直方向なら3〜4m程度、水平方向

なら2m程度はテープがたるまず、定規のように自立する。スプリングによる自動巻き込み機能が付いているものが多い。2m、3m、5m、7.5m、15mなどがある。現場調査には、長さ、大きさ、自立性などを考えると5mか7.5mのものが好ましい。5mあればたいていの普通乗用車の全長が計測でき、7.5mあれば片側1車線の道路幅が計測できる（口絵③参照）。

自立性（直線保持性）があるため、短い距離なら読み取り側の1人で計測が可能である。数mを超えるような距離の場合は、巻尺の場合と同様に0点側と読み取り側の2人が必要だが、巻尺のように強く引っ張る必要はない。巻尺と違ってテープの末端が0点であるため、縁石立上り部からの距離や路面からの地上高などを計測するのに適している（イラスト参照）。

コンパクトで使いやすいツールだが、巻き込み時に手を傷つけないように注意する。車両に轢かれたり、歩行者に踏まれたりするとテープが損傷しやすいのでこれにも気をつけたい。

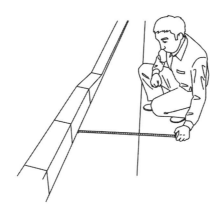

3　写真用スケール

巻尺やコンベックスの目盛は、標準レンズで1mも離れてしまうと写真上で目盛の数値を判読することが難しくなる。写真用スケールは写真上で目盛を判読することを目的にしたもので、判読しやすい大きな目盛が付けられたスケールである（口絵④参照）。

目盛の最小単位は5mmだが、5cmや10cm毎に目盛が大きくなっている。最小単位の目盛を写真上で判読させるには、おおむね2m以下で撮影しなければならないが、5cmや10cmの目盛なら数m離れて撮影しても写真上で十分判読できる。スケールの幅は5cmのものや15cmのものなどがあり、素材は布製巻尺と同じ柔らかなものとアルミ製や木製などの硬い板状のものがある。

布製の長さ5mのものが使いやすい。5mあれば普通乗用車の車長をおおむねカバーするから、車体側面の痕跡の位置・形状などを写真用スケールを写し込んで撮影することができる。テープ幅25mm、長さ2mのコンベックス型写真用スケールもある。

写真用スケールの主な用途は、計測結果のメモと証拠化であるが、証拠化する場合には、

第 2 編　基本活動

撮影方法にいくつかの注意事項がある。撮影は原則として 3 コマ 1 組とする。1 コマ目は写真用スケールを設置した全体状況、2 コマ目は 0 点の位置、3 コマ目は対象物と計測目盛を撮影する。写真用スケールも、できるだけ目盛を写真上で判読しやすいように 2 コマ目（0 点）と 3 コマ目（計測目盛）は接近して撮影したい。

　写真用スケールが 0 点や対象物と密着できる場合は問題はないが、密着できない場合は撮影方向によって写真用スケールの目盛と被写体の位置がずれることがあるので、写真上で正しい目盛が判読できるように撮影方向に十分気をつける（イラスト、口絵⑤参照）。

4　ウォーキングメジャー

　ハンドルの先の直径 5 〜 20cm 程度の車輪を直線・曲線に沿って転がして距離を測定するツール。伊能忠敬の「量程車」と同じ原理である。測定距離はアナログまたはデジタルの計数器で cm 単位まで表示され、読み取りミスも少ない。計数器の上限は普通は 1000m 程度だが、上限を超えれば 0 に戻って計数が継続するので計測可能距離には制限がない。長い距離を測るのに便利である。ハンドル部分を折りたたんでコンパクトに収納できる製品が多い（イラスト、口絵⑥参照）。

1人で計測できることと、曲線に沿って転がせば曲線長も計測できることが巻尺と異なる特徴である。1人で現場調査に行くしかない場合には、(いささか好奇の目にさらされることを覚悟すれば)非常に重宝するアイテムである。ただし、曲線に沿って計測できることは長所であると同時に短所でもある。2地点間の直線距離を正確に計測するには、2地点間に直線のガイドラインを引き、車輪がガイドライン上を正しく転がるようにする必要がある。道路幅を測る時は、横断歩道の縁などのペイント表示を利用するとよい。ただし、道路に縁石があると、縁石に車輪が当たるため、片側で車輪の半径分、両側で直径分を加算しなければ正しい道路幅が出せない。また、車輪が路面を滑ったり、弾んだりすると正確な結果が得られず、砂利道や砂地でも正確な計測は難しくなる。

5 レーザー距離計

目標物にレーザーを投射し、反射光を受光して目標物までの距離を計測する距離計である。1m以下から200mくらいまでの距離をmm単位で計測するものが多い。最近は小型で安価な製品が出まわっている(イラスト、口絵⑦参照)。

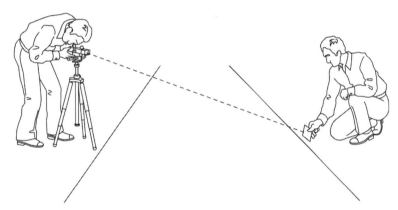

大きな交差点の道路横断方向や対角線方向の計測も、ファインダーで目標物を視準してスイッチを押すだけで安全に距離が測定できる。巻尺で測るような水平距離だけでなく、信号表示灯の地上高だとか、歩道橋の高さ、建物の高さなども簡単に計測できる。

レーザーの反射率は目標物の色、角度、距離などによって変わる。反射率が高い場合は直接目標物を視準して計測できるが、反射率が低い場合は目標物の位置に反射板を置いて計測する。多くは専用反射板が付属しているが、手帳の白いページで代用してもよい。カメラ用三脚などに乗せて使うことが多い。数100mの距離を50cmまたは1m単位で計測するレーザー距離計もある。

6 足など

おおよその距離を知りたい時や計測用具を持たずに現場に行くしかない時などに「利用」する。事故現場からかなり離れた交差点までのだいたいの距離を知りたい時だとか、

何も道具はないがせっかく現場を通ったのでおおよそのことを知っておきたいという時などに有効である。

　自分の歩幅をあらかじめ知っておいた方が良いが、何歩で歩いたかを記録しておいて後で確認してもよい。基本的に「いつも持って行ける」ツールであり、現場では歩いて数えて（歩数計を使ってもよい）メモをとるだけだから目立たず、邪魔が入ったりすることも少ない。体調、天候、路面の性状などによっても歩幅は微妙に変わるが、概略を知るのには役立つ。

　歩幅より簡単で正確な方法は、路肩に設置されている有蓋側溝の蓋の個数を数える方法である。「目地」を含む蓋1個分の長さを定規で測る。普通は50～60cm程度である。定規もなければ、Ａ4用紙2、3枚を並べて1個分の長さを写し取っておく。測りたい距離を有蓋側溝の蓋の個数に置き換えればよい。

　なお、さらに長い距離の概略把握には車のトリップメータが有効である。

7　カメラ

　写真の必要性や有用性についてはあらためて説明するまでもなかろう。現場調査のメモ代わり、現場の一般的な状況説明や関係車両の経路などの説明、現場や車両に残された事故の痕跡の説明、関係車両からの信号機の視認状況の説明、関係車両の視野・死角の説明、加害者からの被害者（車）の視認状況の説明、逆に被害者からの加害者（車）の視認状況の説明、目撃者の視認状況の説明、事故当時の現場の明るさ・暗さの説明、車両の損傷状況の説明などのほか、記録の複写など、その用途は無数と言える。裁判所に現場検証を求めるのにも、目的に合った分かりやすい写真を用意して説得する必要がある。カメラは交通事故事件の適切な弁護活動の必須のアイテムである。

　メモ代わりの用途ならどんなカメラでもよいが、後のことを考えると、ピントグラスで確認しながらMF（マニュアルフォーカス）でピントを調節できる一眼レフ型カメラが望ましい。現場調査では標準レンズのほかになるべく広角レンズを携行し、そうでなければ標準～広角を含むズームレンズを使いたい。なお、望遠レンズを使うことはほとんどない。車両の痕跡のアップ撮影や記録中の写真の複写撮影には、接写性能の高いマクロレンズがよい。マクロレンズは標準レンズの代わりにもなる。

　撮影した写真はパソコンに取り込み、Photoshopなどの写真処理ソフトで色調・濃度調整やトリミングをした後、Ａ4版1枚に2コマ程度をレイアウトし、説明のための文字、記号、キャプションなどを入れて完成させる。Ａ4版なら高品質の写真がプリントできる安価なプリンタがたくさんある。

　記録中の写真の複写撮影は写真撮影の中でも特殊なものであり、適切に行うためにはいくつかの注意事項がある。

　　□　なるべく手持ち撮影をせず、コピースタンドか三脚を使う。
　　□　写真を台形に撮らないようカメラを写真に正対させる。
　　□　写真の周囲をできるだけ写さないようアップで撮る。

- □ MF（マニュアルフォーカス）でピントを合わせる。
- □ 室内の照明光・自然光だけで撮影する。
- □ 室内の照明の写り込みを防ぐ。カメラの位置関係によっては照明が写真の一部を白くしてしまうことがある。位置を変えたり照明光を部分的に遮蔽するなどして照明の写り込みを防ぐ。
- □ 寸法を再現する必要がある場合（多くそうである）、定規を置いて写し込む。可能なら写真撮影は専門業者に依頼した方がよい（イラスト参照）。

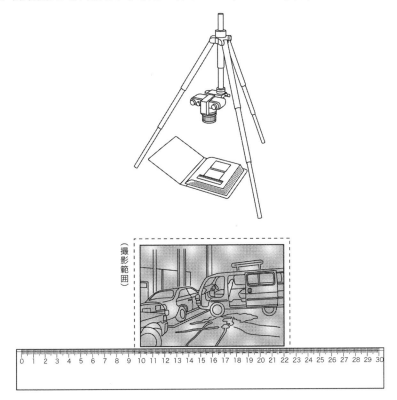

8　ビデオカメラ

　当該地点の交通量調査、走行速度調査、走行態様調査、運転者の視野の再現・記録、信号機の表示サイクルの調査など、全体的・一般的な傾向を調べる調査・記録に広汎に利用できる。また、デジタルカメラの機能をもつビデオカメラの応用範囲も広い。

　ビデオ映像をもとに調査報告書を作成する場合には、無編集のビデオテープ等の記録媒体を添付するのが望ましい。ビデオは調査に必要な事項を同時録音できる効用がある。「不規則発言」も記録されるので注意する。音声が不要なら録音をOFFにして撮影をすることも考える（録音をOFFにする機能がなければ、外部マイク端子に空プラグを差してもよい。）。

　調査・記録はAF（オートフォーカス）ではなく、MF（マニュアルフォーカス）に設

定してマニュアルでピント合わせをする。AFに設定して撮影していると、手ぶれなど僅かのきっかけでピントが外れ、カメラが自動的にピントを合わせ直すため、この間ピントはずれの状態になることがある。

9　画板・紙ばさみ・スケッチブック

調査結果や測定数値などを現場で書き留める作業は立った姿勢で行うのが普通である。画板や紙ばさみなどの用紙やノートを平らに保持する道具が必要である。100円ショップにもある簡単な紙ばさみや表紙の硬いスケッチブックでもよいが、大きめの画板が望ましい。見分警察官が使っている画板は、用紙、筆記用具、定規などが収納できるポケットや、立った姿勢で画板をウェストレベルに支えられるストラップが付いており、便利である（イラスト、口絵⑧参照）。

雨天での作業は避けたいが、事故が降雨時の場合など、避けられないときは降雨時用の用紙（雨天用紙）を使いたい。測量用のノート（野帳）も雨天で使用できるが、サイズがあまり大きくなく、図を手書きしなければならない場合などにやや不便である。雨天用紙は大型文具店などで販売している。

交通事故現場見取図や道路図面などを事前にＡ３やＡ４の用紙に分割コピーしておき、それに測定個所や測定結果を書き込んでゆけば、現場作業が効率的になり、測り忘れや数値が迷子になる事態も避けられる。

10　ガムテープ

路面に貼ってマークにしたり、路面に直線を作図するときなどに使う。できるだけ布製のものを使う。布製のガムテープは湿潤路面でも粘着力があるが、紙製のものは乾燥路面でも粘着力が弱く、湿潤路面ではまったく使えない（口絵⑨参照）。

梱包用によく使われる薄茶色のものだけでなく、白色、赤色、黄色などさまざまな色のものが販売されている。使い分けて間違いを避け、わかりやすい写真を撮るように工夫するとよい。

11　全天候型チョーク・ろう石・チョークライン

路面に文字や記号などを書くには、全天候型チョークやろう石を使う（口絵⑩参照）。

全天候型チョークはクレヨンのような材質のもので、湿潤路面にも明瞭に書ける。駐車違反の取締りに使われている。黒板用のチョークは乾燥路面では書きやすいが、湿潤路面では使えない。書いた後の僅かの雨でも流れてしまう。

大きな定規でもなければチョークで路面にきれいな直線を引くことは困難である。巻尺で道路の交角を測定する方法を紹介したが、AB、BC、CAのようなきれいな直線を路面に引くにはチョークラインを使う。チョークラインは黒板用チョークの粉末を使う一種の墨壷（木材に墨の線を引く道具）で、最長20～30mのきれいな直線を路面に簡単に作図できる（イラスト参照）。

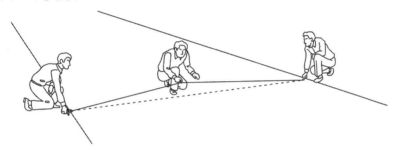

12　トランシーバ

現場調査の際に離れた者の間で連絡を取り合うのにトランシーバは役立つツールである。大声を出せば聞こえるような距離でも、騒音の多い現場で大声を出し続けるのは苦痛なものである。トランシーバがあれば余裕をもって作業を進められる。使用に免許のいらない小電力トランシーバがよい。

携帯電話を使うことが多くなったが、架電操作が不要で即座に通話ができるトランシーバの方が現場作業では依然として使いやすい。実際多くの工事現場でもトランシーバが使われている。

13　テープレコーダ・ICレコーダ

　関係者の証言などの音声を記録するのに使う。テープレコーダやビデオカメラのほか、携帯電話の録音機能などで代用する方法もあるが、小型で記録時間の長いICレコーダが便利である。音声データをパソコンに取り込み"テープ起こし"ができるソフトもある。
　その他の使用法としては、路側で車両通過音を録音して車両の通過時刻や通行量を調査したり（ICレコーダなどのデジタルレコーダでは録音時刻のデータが同時に記録される。）、巻尺による検尺時に読み取り係が記録係を兼ねて測定結果を音声で記録するという使い方もある。
　ただし、音声で記録した測定結果を再生・利用するには、記録時間の何倍もの時間を要するから、この方法は記録係が現場にいないときの「最後の手段」である。

14　ストップウォッチ

　走行車両の速度を求めたり、信号の表示サイクルを求めるときなどに使う（口絵⑪参照）。ただし、信号の表示サイクルの計測は、1サイクルの計測でも1分前後信号表示を凝視しなければならないから、後に述べるプリンタ付きストップウォッチを使ってもあまり楽な作業とは言えない。ビデオカメラで1サイクル以上を撮影しておき、再生画像をストップウォッチで計測するのが実際的である。
　1、2回の計測をするだけであればスマホのストップウォッチ機能でもよいが、多数の計測を行う場合には、メモリ機能などもある専用のストップウォッチが便利である。スマホのストップウォッチアプリをダウンロードしてもよい。機能の充実した便利な無料アプリがたくさんある。特に多数の計測を行う場合は、専用プリンタが使えるストップウォッチかプリンタ付きストップウォッチがよい。
　ストップウォッチを内蔵したトランシーバ（小電力トランシーバ）がある。ストップウォッチとトランシーバの機能がそれぞれ使えるほか、2台あれば無線で他方のストップウォッチを操作することもでき、直接目視できない2地点間の車両通過時間などを測定することも可能になる。

15　コンパス（方位磁石）

　ファインダなどの視準装置付きのコンパスがよい（イラスト、口絵⑫参照）。図面に方位が書き込めるし、交差道路の交角が簡易に求められる。例えば、図3の〈1〉の道路の方位が北から86°で〈2〉の道路の方位が北から10°だとすると（コンパスの方位は北を0°とする東回りの角度で表す。南は180°、西は270°である。）、交角は76°になる。

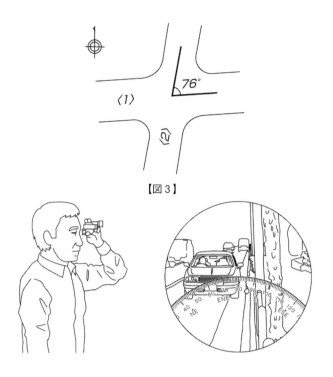

【図3】

16 懐中電灯・赤色安全灯・安全ベスト

　懐中電灯がなければ巻尺の目盛が読めないとか、数値が記録できないというようなこともある。夜間撮影時の三脚やカメラの設定や調整にも懐中電灯が必要である。トランシーバ代わりに懐中電灯を点滅させて合図を送る場合もある。たいてい単3電池2本の小型のものか白色LEDのもので用は足りるが、大光量の懐中電灯を使用する場合は通行車両を直射しないように気をつける。
　夜間調査をする場合には明るい色の服装をする。車道上に出る場合は三角板や赤色安全灯（「ニンジン」と称されている）を使用し、車両のヘッドライトを反射する安全ベストを着用したい。測量機器や工事用品の販売店などで売っている（イラスト、口絵⑬参照）。

第 2 編　基本活動

17　スコップ・雨合羽・携帯暖房具

　郊外の道路などでは、路肩の泥や雑草を取り除かなければ道路幅などの検尺ができないことがある。小型のスコップがあれば靴や手を汚さずにすむ。園芸用の移植ゴテでもよいが、軍用品の折り畳みスコップは便利である。スコップの片側の縁がのこぎり刃状になっていて雑草を取り除くのに使え、コンパクトに収納することもできる（口絵⑭参照）。

　雨天調査の場合は雨合羽を用意する（イラスト参照）。傘ではメモをとるのも大変である。ただし、フードをすると車両の接近がわかりにくくなるので、保安要員の確保など安全に特に留意する必要がある。

　調査は基本的に野外で行われる。風雨や寒さに身体を縮ませながらでは良い調査はできない。風雨対策や寒さ対策は調査の基本前提である。

第3章
弁護活動の現場に生かす

1　実況見分調書を分析する

　入手した資料によって事案を分析する。捜査段階であれば手持ちの資料で当該事件に対する弁護人の心証を形成し捜査当局との交渉に備え、公判段階であれば検察官から開示された捜査資料を加えて第1回公判期日に備える。

　捜査資料のなかで最も重要なものは、実況見分調書と写真撮影報告書である。現場の実況見分調書は交通事故現場見取図が付いているのが普通であり、事故車両を見分した結果を示す実況見分調書もある。また被害者の死体などを見分した実況見分調書もある。いずれも真相の究明に役立つ重要な証拠資料であるが、ここでは現場の実況見分調書と交通事故現場見取図を中心に、留意すべき事項を述べる。

　現場の実況見分にも、擦過痕やタイヤ痕、血痕、ガラス片など、発生した事故により路上に印象された痕跡（と思われるもの）や路上に散乱する車両構成物の一部（と思われるもの）など、客観的な資料だけを記録する実況見分がある。この種の実況見分は関係者の指示や説明を必要としないため、事故関係者が現場に立ち会わなくても実施できる。

　現場に本人や関係者などがいる場合には、立ち会わせた上、「自分の車がどこに来たときに相手方がどこにいるのが見えた」というように、事故状況の指示や説明をさせる。傷害を受けていない当事者だけを立ち会わせ、医療機関に搬送された当事者には別の機会に立ち会わせて、別々に見分を行うこともある。

　犯罪捜査規範105条1項は、「実況見分調書は、客観的に記載するように努め、被疑者、被害者その他の関係者に対し説明を求めた場合においても、その指示説明の範囲をこえて記載することのないように注意しなければならない」と定める。警察庁は、実況見分を適切に行わせるため、1966年1月、「交通事故事件の実況見分実施要領及び実況見分調書作成要領」を定め、「実況見分とは、交通事故事件の捜査目的のため現場に臨場した捜査官が、ある事実を認定するための資料ならびに証拠資料の確保等をはかるため、交通事故事件の現場ならびにその他当該事故事件に関係する場所、身体または物の状況を五官の作用

で認識判断する任意捜査手続きである」と規定した。

　実況見分調書の証拠能力については、刑訴法321条3項の「検察官、検察事務官又は司法警察職員の検証の結果を記載した書面」に包含されるという最高裁の判例があるが（1960年9月8日刑集14巻11号1437頁・判時249号12頁）、実況見分調書の証拠能力をここまで一般的に高く評価してよいものか強い疑問が残る。

　実務上の問題として言えば、実況見分の正確性については厳密なチェックを要する。実況見分調書や交通事故現場見取図の作成の真正に関する尋問は活発、旺盛に行わなければならない。真正に作成されているということは、当該実況見分において「正しく五官を働かせて正確に対象を認識判断している」ということである。実情を確認してその疑問を糺すのが「作成の真正」に関する反対尋問である。

　問題になることの多い事項を挙げると、①捜査官が被疑者に地点や説明内容を示唆している、②距離などの数値データがないため車両や痕跡を正確に作図できない、③データに従って作図すると全体に整合しなくなる、④当該事故と無関係の痕跡をその事故のものと誤認している、などがある。

　実況見分調書や交通事故現場見取図は、測量士でも鑑定人でもない警察官たちが短時間に取りまとめたものである。「豊富な事故処理経験」が独断につながることもある。これらの書面・図面を実体以上に高く評価してはならない。

2　写真撮影報告書を分析する

　捜査官が撮影した現場写真や車両写真などは、貴重な客観資料である。

　路上の痕跡や散乱物が撮影されていれば、調書や見取図中に正確な検尺数値が記録されていなくても、おおよその位置や大きさはわかる。調書や見取図中に何も記録されていないのに、写真には明らかに痕跡らしいものが写っていることもある。撮影されている路上のタイヤ痕を子細に調べたところ、タイヤトレッドが当該事故車両のものではないことが判明した例もある。

　現場見取図には見分警察官が記録を要すると判断したものしか記録されないが、写真は撮影者の意識や意図とは無関係に情報を拾う。写真は宝の山である。

　写真は目の高さから対象物を狙って撮るため、被写体を斜めに見下ろす場合が多く、対象物の位置や2地点間の距離などは写真を一見しただけではよくわからないのが普通である。そういう場合の有効な確認方法は、写真を持って現場に出かけ、写っている地点を探しだし、その上で位置や地点間距離を測定することである。

　写真は人間の目に見えるものを人間の目が感じるように再現するものではない。光量の少ない夜間でも昼間のように撮影することが可能であり、撮影条件の設定次第で昼間でも暗い画像に仕上げることができる。とりわけデジタルカメラ時代に入ってその可能性は広がった。写真自体の加工が容易なので、写真の証明力への疑いも強く指摘されている。

　人間の視認とカメラの認識の差異の問題がある。写真は全体を同時かつほぼ等質に記録するが、人間は一点を注視しその周辺はぼんやりとしか把握しない。視点を絶えず移動し

ながら全体的に認識するのである。また人は意識がおよばない（見る気を持たない）対象は、例え視野の中にあっても実際にはよく見ていない。目はその人の意識状態によって機能したり機能しなかったりする認識装置である。

人間の視認能力の限界を超える事象でも写真は把握する。雨の路面の「蒸発現象」（＝光の中に人や物の影が吸収され、存在しないように見える現象）を確認しようとしても写真は人や物を写してしまう。目と違う写真の特性を理解する必要がある。

3 解析書面を分析する

捜査過程で登場する解析書面には次のようなものがある。

i 捜査報告書中の事故原因や事故解析に関する記述部分。

交通事故の解析等を手がける司法警察員等が作成している。証拠価値に疑問のあるものも少なくない。

ii 実況見分調書や交通事故現場見取図中の、当事者の指示説明と一体となった見分官自身の判断部分。

例えば、衝突地点の指示は、本人たちにそのように言わせる形で捜査官の判断が示されている場合が多い。

iii 診断書

iv 死亡診断書

v 死体検案書

いずれも専門家の判断であるが、判断のために与えられた原資料は何かとか、どの程度慎重に分析したのかなど、チェックをする必要がある。警察官の説明を聞いて事故原因を書いた例もある。

vi 鑑定書

化学、法医学、自動車工学、機械工学などさまざまな自然科学の立場から解析を行う書面で、科学警察研究所（警察庁）や科学捜査研究所（警視庁や道府県の警察本部）の研究員によって作成されたものが多い。事故態様、被害結果、運転行為と被害結果の因果関係に関し、被告人の刑事責任を明確にする資料として登場する。批判的検討の対象である。

交通事故解析の学問的水準は概して低い。研究の多くが被疑者の有罪立証を使命とする警察内部の研究員によって占められ、研究成果が公表されないという特殊事情が水準の向上を一層妨げている。

研究者の層は薄く、弁護人が事故解析の援助を求めても、要請に応じる自然科学者は少ない。研究の前進に向けた態勢づくりも遅れている。科学的知識の乏しい者が鑑定専門家を名乗る例が少なくなく、裁判所もときにこれに翻弄されている。

レベルの低い解析を被告人側が反撃できず有罪を認定させてしまう状況がある。弁護の力量を高め、誤鑑定や偏向鑑定を許さない状況を作り出す必要がある。

4　ドライブレコーダを読み取る

　ドライブレコーダが急速に普及している。大都市のタクシーを中心に営業用車両の多くが装着するようになり、長距離輸送の観光バスなどでもかなり用いられるようになっている。一般車両も今後広く装着されるようになろう。自車の前方を撮影するだけでなく、車室内を含む後方も撮影できるもの、360度を撮影するものと種類も豊富である。一定期間が経過すると過去のデータが消去されるが、事故に遭遇するとその前後の時間帯の映像や音声が保存されるものが多い。

　画像資料の情報量は実は極めて豊富である。宝の持ち腐れと言われるほど使い切れていないと専門家は言う。惜しいことである。画像解析をすることで事故発生時の双方の車両の走行速度や相手方歩行者の動静などを正確に知り得る場合がある。音声データももちろん有効である。交通事故事件の警察捜査ではドライブレコーダは今や極めて重要な証拠資料と評価され、実務においても活発に用いられるようになっている。

　画像を一瞥しただけではよく分からないような事象でも、画像分析の専門家に分析を依頼すれば、対象の車両や人などがどの地点でどのような状態でいるのかを平面図上に示すことができる場合がある。衝突時の車体の動きもかなり明確に分かる。前照灯の点灯の有無やハイビーム・ロービームの別、ウィンカーの状況など、運転者の車両操作状況の子細が分かる場合があり、事故直後の事故関係者の動きや発語の実情も把握されている場合がある。

　画像解析に関する知識経験の乏しい弁護士でも、動画の中から重要と思える静止画像を何枚か取り出し、それを持って撮影現場に赴き、それぞれの画像がどの地点で撮影したものなのか推定することは比較的容易にできる。車道上を移動しながら被写体の街路樹や路上施設等の固定物の重なり具合やずれ具合を子細にチェックして撮影ポイント（その撮影をした時のドライブレコーダの道路面上の位置）を特定するのである。撮影時のドライブレコーダの位置が決まれば、その時に車両がいた位置が特定できる。

　また、ドライブレコーダによっては、走行速度などの関連諸データを同時表示しているものもあり、そのような場合にはさらに情報量が増える。

　ドライブレコーダははなはだ注意深く、ずば抜けて記憶力が良く、証人になることを常に了解している同乗者と言ってもよい。

　弁護（代理）を依頼してきた当事者のドライブレコーダであればそれを提供して貰えばよいので問題はないが、タクシー・バスの運転手の場合などに、勤務先事業所が開示に協力してくれず入手自体に苦労することがある。そのような事業所でも警察などにはすみやかに開示する場合が多い。公共財としてのデータ提供が今後の課題になろう。

5　事故原因などを総合的に分析する

　当該事故の発生原因は警察が言うとおりか、公訴事実に書かれているとおりかを白紙の

状態から考える。被疑者・被告人に責任があるとしても、いくつもの原因が重なりあっている場合もある。警察官や検察官の活動は、目の前の被疑者や被告人の責任を明らかにすればそれで任務が終わるのが普通だが、弁護人の活動はそういう訳にはいかない。交通事故事件では、当該運転者の責任だけを問題にする場合が多いけれども、当該事故の発生と結果に誰がどのように関わっているのかを総合的に考えなければならない。

　第一に考えられるのは被害者ないし被害者側の対応である。突然車道に飛び出したとか、停止線で一時停止をしなかったとか、ウィンカーを出さずに進路前方を横切ったというような事情はないか。

　交通規制のあり方や交通安全施設の適否を考えるべきケースもある。信号の標示が誤解を招いたとか、中央分離帯の植え込みが交差道路方向の見通しを悪くしたというような事情はないか。

　事故車両自体の問題もある。大型車の死角内に入っていたのではないかとか、運転者の責任とは言えない部品の脱落が原因ではなかったかなど。

　運転行為の背景事情の問題もある。長時間運転を義務付けた運送会社の背後責任や、過大な水揚げを要求したタクシー会社の姿勢も問われる。

　事故発生後の問題もある。救急車の現場到着や医療機関への患者搬送に必要以上の時間がかかったとか、治療自体に問題があったというような事情はないか。

　これらの事情こそが結果発生の真因であるという場合もあれば、本人に責任があるが結果発生にはこれらの要因も加わっているという場合もある。無罪主張を支える事実にもなり、情状事由にもなる。

6　被疑者調書を分析する

　交通事故事件では基本的に過失責任が問われる。事故発生時の状況を解明し、当該運転者は結果を予見できたかとか、結果発生を回避できたかについて、厳密に判定しなければならない。

　しかし、予見可能性といい回避可能性といい、その判断基準はそれほど明確ではない。過失は基本的にとらえにくいものである。捜査官が非科学的な事故分析を行ったり、間違った責任追及に走ったりしないよう注意し、また被疑者自身の判断も間違わせないよう支援しなければならない。

　他をあげつらうことに汲々とする人もいれば、ひたすら自らを責める人もいる。どちらも弁護人の適切な支援を必要とする。難しいのは後者である。相手方の負傷や死を前にして、自責以外に考えられなくなっている人もいる。本人が捜査官や弁護人に過失の存在を認める陳述をしていても、本人に本当に過失があるのかどうか、仮にあるとしても本人が考えている内容のものかなど、あくまで客観的な事実に依拠して合理的に考察しなければならない。

　被疑者調書を子細に検討して、本人とよく話し込む。なぜそのような調書が作られたのかを究明し、合理的な根拠のないまま責任を認めてはいけないこと、事故状況についてわ

からないことはわからないと言わねばならないことを伝える。本人が過失を認めているかどうかに関わりなく事案の実情を解明することが交通事故事件弁護の基本である。実務には被告人の自白調書を有罪決定と量刑判定の材料に安易に用いる傾向が強くある。

過失を争う事故事案では、被告人が捜査段階に過失を認めている理由を、裁判所に合理的に説明できるよう特に気を使う必要がある。

7 事故分析者への反対尋問に備える

事故分析者に対する尋問に備える。鑑定人は典型的な事故分析者であるが、事故態様に関する捜査報告書をまとめた捜査警察官も広い意味で事故分析者である。ここではそれらを総称して事故分析者と言う。

「この鑑定のこの問題点についてこのことを明らかにさせる」というように、目標を明確にすることが基本である。反対尋問の要（かなめ）は尋問の目標を確定することであり、その成否が尋問の成否を決定する。その点を曖昧にしたまま尋問に臨めば、事故分析者に勲章を授けるのを手伝うだけで終わる。

検察側の立場に立つ事故分析者に対する裁判所の信頼は（問題なことに）一般にあつい。裁判所の心証形成上も重視されがちである。それだけにこれが破られたときの検察の打撃はすこぶる大きい。

事故分析書面を把握し、分析し切らなければいけない。反対尋問のポイントがはっきりしない原因には、内容を十分理解していないとか、問題点がないように思うとか、問題の有無自体がよくわからないとか、どう切り込めばよいのかわからないとか、いろいろなケースが考えられる。

専門用語は百科事典や専門書で確認し、鑑定の論理の基本的な枠組みを理解する。複雑、難解な数式が出てくることがあるが、幻惑されない。その分析が前提とする事実は客観的に確定されているのか、どのように確定されたのか、確定のプロセスは正しいか。別の推論の余地はないか。別の推論をすればどのような分析の展開が可能か。事故分析者の推理の科学的信頼性はどのように確認できるのか。

客観的状況の確定は容易ではない。結論の信頼度は事案ごとに異なる。現場に残されたタイヤ痕が当該事故で生じたものかどうかが問題になるように、他の可能性が登場すれば分析は当然変わる。一つひとつの事実、計算、推理を納得いくまでチェックする。問題点がない鑑定はまれである。前提事実に問題があったり、推理方法に疑問があったりする。問題点の有無がはっきりしないとか、切り込み方がわからないという場合も、上記の方法で状況が打開できる場合が少なくない。

反対尋問の基本方針を決め、ここまで認めさせればよしと決め、尋問事項を整理する。大きな目標を掲げ過ぎると敗残が待つだけになる。当該鑑定を裁判の全局面のなかでどう位置づけるのかを考え、裁判所に与える印象をどう修正させるかを考える。圧倒的弾劾か、限定的にダメジを与えればよいのか。

この取り組みの過程で、科学的な知識を持つ専門家のアドバイスを受けたい。ほとんど

の弁護人は自然科学について素人であり、専門家なら看過しない問題点を見落とすことがある。

8　積極的な科学的反証のために

〔検察立証に対する反証〕
　まず、検察側の科学立証に説得力があり、そのままでは検察主張が容れられそうな場合である。検察側の立証が納得できないというだけで再度の鑑定を申請したり、専門家の証人調べを申請したりしても、受け入れられる可能性は乏しい。被告人に有利な私鑑定を顕出しようとしても検察官は同意を厭う。
　検察側の立証活動が功を奏しているように見えるとすれば、事態は重大である。「この鑑定はこのような理由から証拠価値が乏しい」と言えるポイントを明確にしなけらばならない。
　追い打ちをかける反証活動がある。検察立証の効果に裁判所も疑問をもっていると思えれば、検察立証の崩壊を高らかにうたう。「疑わしきは罰せず」の法理に立てば、それ以上の弁護活動は不要である。しかし、現実の裁判には、「必要以上のレベル」の立証がないと被告人の主張が受け入れられないという遺憾な実情がある。弁護人としては、補強的反証活動を尽したい。
　補強的な証拠がほしいと考える裁判所は、鑑定申請であれ証人調べ申請であれ、このような弁護人の姿勢に比較的協調的である。裁判所が弁護側立証を不要と表明すれば、弁護人としては検察官の主張が裁判所を説得できていない徴表と受けとめ、ひとまず安心する。追い打ちであるから、立証趣旨、鑑定事項、尋問事項等を特に限定する必要がある。「事理明白であるが、念のためこの点だけは押さえておきたい」という確信を押し出す。
　鑑定申請や証人調べ申請時の注意に触れる。準備不足のまま証拠調べの申請をするのは危険である。専門家は常に科学的良心にのみ従って鑑定や証言を行うと考えるのは理想論である。彼らには（例外がないとは言わないが）裁判所や検察庁など権威におもねる傾向、わからないことをわからないと言わない傾向、関係者の供述に無理に合わせようとする傾向などがある。
　反証を予定する鑑定人候補者や証人の能力や信頼性を慎重に調べ、事前の打合せを十分に行う。弁護人が推薦する鑑定人候補者を裁判所が採用する保証はない。鑑定人候補者と目する対象者には、弁護人の問題意識を予め詳細に紹介し、当該対象者の知見を知り、事前に意見を交換することを検討する。そこで得た対象者の見識は、鑑定人推薦を断念する理由になったり、鑑定人宣誓時に弁護側が陳述する意見の中に生きたりする。

〔鑑定事項決定への関与〕
　検察側や弁護側の申請による鑑定もあれば、裁判所の職権による鑑定もあるが、どのようなきっかけで鑑定が行われる場合にも、鑑定事項の決定に弁護人の希望を反映させることが重要である。
　鑑定事項はよくよく考え、工夫しなければならない。ＡＢ間の民事訴訟事件で、「Ａは

aなる事故態様といい、Bはbなる事故態様といっている。真相はａｂのどちらか。」というものがあった。このような「丸投げ」鑑定事項は裁判の放棄に近い。一般的にいえば、鑑定事項はできる限り具体的、個別的である必要がある。鑑定事項は弁護人の希望どおりに決まるわけではもちろんないが、できるだけ早期に弁護人の意見を書面で提出し、裁判所の鑑定事項決定に弁護人の見解を反映させるように努力する。

〔鑑定資料に関する弁護人の姿勢〕

鑑定人に予断を与えてはならない。鑑定人に一件記録のすべてを渡すことについては慎重な検討を要する。

運転者の前科を事故態様の鑑定の判断根拠に挙げた鑑定人がいる。記録中の無関係の部分から心証を取るなどという論外の暴挙に走る鑑定人もいる。鑑定人の中には、法律家としては基礎的な約束事さえ理解できていない人がいる。「鑑定人は裁判も訴訟法もほとんど知らない」ということを多くの法律家が見落している。

鑑定人に渡す鑑定資料が決まってからの弁護人の仕事がある。すでに取り調べ済みとはいえ、証拠調べ請求に反対した訴訟記録（捜査記録）がそこに含まれていたりする。鑑定に入るに際して、弁護人の見解を正確に鑑定人に伝える必要がある。裁判所や鑑定人に意見書を提出したり、鑑定人に直接会って弁護人の見解を伝えるなどの努力を尽くす。

〔不利な鑑定結果への対応〕

鑑定結果が被告人に不利な場合に、それで鑑定論争が終わりになるわけではない。鑑定人を尋問して鑑定の過程や結果の信憑性を詳細に問うことになる。

鑑定人への深追い尋問は傷をさらに広げる危険を伴うが、傷をおそれてばかりはいられない。「肉を切らせて骨を切る」覚悟で臨むべきときもある。詳細な尋問をしなければならないことも少なくない。このときこそ私鑑定が力になるはずである。

9 鑑定人に対する尋問

鑑定人に対する反対尋問の目的は、鑑定の趣旨と限界を明確にし、誤り、問題点、矛盾点を明確に押さえることである。

自分が専門家として人から尋ねられる場面を想像してみる。尋ねる人がわが見識をまるで理解していないと思えば、適当にあしらいたくもなろう。逆に、自分の考えをよく把握していると思えば、きちんと答えようという心境にもなる。鑑定人も同じである。

ひとりよがりの尋問は禁物である。追及の限度をどこに置くか。徹底的に追及する論点か、深追いして思わぬ反撃を受けるよりは弁論で断じ去るべきか。

鑑定人の公正さや中立性をチェックする。確かな専門知識や真実に向けた探究心を持つ鑑定人もいれば、およそ鑑定人としての能力や品位に疑問を抱かざるを得ない者もいる。当該鑑定について当該鑑定人が鑑定適格者であるかどうかはあくまで個別に検討し、その能力を確認する必要がある。専門家はすべての論点について専門家なのではない。専門領域以外のことについて判断したり、専門領域以外の知見を前提とする判断を恣意的に行ったりしていることも少なくない。

裁判官や検察官、警察官など「お上」に対して従順で、それ以外の人たちに傲慢な鑑定人もいる。弁護人の尋問に感情的に反発する者もいる。このような鑑定人に対しても、鑑定人の責務を自覚させる毅然とした対応が必要である。

　鑑定人に真摯な態度で臨んでもらうためには、弁護人の見識や姿勢の重みを鑑定人に理解させる必要がある。真摯な知識人は豊かな見識を持つ者に敬意を懐く。尋問者の真摯な迫力が水路を切り開く。真実を追求しようとする迫力と節度が鑑定人を自らに引きつける。

　反対尋問は事前打ち合わせができない。いかに公正、中立を期待できそうな鑑定人でも、反対尋問の結果を明確に予測することは難しい。無用な反撃を受け、不毛な論争に陥ることもある。一般論を言えば、反対尋問で鑑定の証拠価値をゼロにしようとか、被告人に有利な証言まで引き出すことまでは望まないほうがよい。結果的にそうなることはあっても、それを期待して深追いすることは多く危険である。

　尋問調書を想定して尋問する。法廷では圧倒的に追及し効果をあげたように感じても、調書を見ると利用できる部分が少ないことがある。反対尋問では鑑定の矛盾や不合理や誤りを可能な限り鑑定人自身の言葉で語らせなければならない。その場の雰囲気としては鑑定人を降参させたようでも、証拠価値は低い。調書の文面を想定し、鑑定人自らに具体的に語らせるように意識的に尋問する必要がある。

　あなどられないことが大切である。g（ジー）をグラムと読んだことで、以後の鑑定人の証言を余裕綽々にさせてしまった例がある。肋骨は何本あるのかと鑑定人に聞いて自分で数えろと言われた例もある（ウェルマンの「不意打ちテスト」と誤解されたのかも知れない。）。法廷における尋問には、このようなところに意外な「躓きの石」がある。

　基本的な概念や専門用語は正確に理解しておく。複数の書物を参照すれば、基本的な概念や専門用語はひととおりは理解できる。そこで得られた知識は鑑定人にはときに驚異にも映る。

　弁護側の主張につながるあらまほしい結論を、対決鑑定人の見識の中から引き出せれば最高であるが、折々紹介される諸外国の反対尋問家の助言のようにはなかなかいかない。「百合の花を金箔で塗り立てるな」「鉱脈を探り当てたら底をぶち抜くな」「危険地帯からはすぐさま抜けろ」…。いま自分がどこに立っているのかがわからなくて悩んでいる弁護士への助言としてはおしなべて実効性に乏しい。とりわけ交通事故事件の鑑定というのは、当該事故現象との具体的な関係を前提に見識を問うことが多いため、弁護側主張の裏付けとなる論理を対決鑑定人から引き出すというような「美技に至るケース」があまりない。交通事故の裁判から金言は生まれにくい。

第4章
対決鑑定を科学的に批判する

1　はじめに

鑑定をめぐる基本的な状況と鑑定に関してとるべき基本的な心構えを概説する。

〔解析の対象〕

交通事故鑑定の対象は非常に広い。当該交通事故がいかなる態様で発生したのかを考える鑑定が多いのは当然だが、そのほかにも制動装置とか死角とか内輪差とか、車両の構造や機能に関する鑑定がある。認識時間や反応時間、制動・転把操作の時間、蒸発現象などの人間工学的な鑑定や運転者の生理機能や肉体的な能力に関する鑑定もある。法医の守備範囲になるが、受傷状況に関する解析もある。

比較的珍しい例として、信頼の原則を適用すべきかとか、右折車両と言えるかとか、逆行性健忘になっている被告人の公判を続けてよいかなど、法的判断に関する鑑定もある。

〔解析従事者〕

かつては医学系の大学研究者や研究機関や臨床医などが鑑定を引き受ける例が多かった。最近は工学系の大学研究者や民間研究組織などの解析事例が多くなったものの、テレビなどで「活躍」している怪しげな「解析屋」も少なくない。鑑定事項が多岐にわたるということは、解析を一手に引き受ける確実な受け皿がないということであり、個々の研究者にすれば自身の本来の研究テーマから外れた課題に時間を割かなければならないという難題を抱えることになる。

警察庁の科学警察研究所（科警研）や警視庁・道府県警察本部の科学捜査研究所（科捜研）などのいわゆる警察解析機関は、捜査のための解析を行い、民間の解析依頼には応じない。日本自動車研究所は事故の解析研究を手がけるが、個別の事故案件の解析は基本的に引き受けないようである。国土交通省の関係研究機関や研究員が解析する例もあり、自動車メーカーの研究組織や研究員なども解析を行うが、いずれも民間の個別案件に応える態勢はとられていない。

鑑定を依頼したくても裁判所も弁護人も引き受け手探しに頭を抱えてしまう状況にある。

解析受任者の層ははなはだ薄い。

〔解析の素材〕

まず捜査当局が事件捜査という形で当該事故を把握する。そしてその過程で事故解析を行い事故像を基本的に決める。

別章で述べているように、事故の当事者から事故の実情を聴き取る警察が、事故の当事者に事故像を「教えて聞かせる」ことがある。「Ａ地点に来たとき相手方が①にいて、Ｂ地点に来たとき相手方が②にいた」というような基本的な情報も当事者から聞く形をとりながら、実情は警察官が当事者に「説明して納得させる」形で進むことが多い。車両運転者は自身の車が時速何kmで走行していたのか正確にはわからないのが普通である。「このくらいだったはずだ」と言われればその程度だろうと言ってしまうし、「ここで衝突したのだ」と言われればそうかも知れないと思ってしまう。

そのようにして「採集」された事実資料が「走行速度は時速40km」とか、「衝突したのはⒶ地点から10.7m、Ⓑ地点から5.1mの地点」などという〈動かぬ証拠〉になって、速度計算とか視認可能性とか停止や減速の可能性など、事故像に関するすべての解析の基礎データになってゆく。

〔解析の契機と心構え〕

名実ともに鑑定書と言えるのは、裁判手続きによって法廷に顕出される裁判上の鑑定書であるが、実質的な鑑定書（＝解析文書）はもっと広く存在する。実況見分調書やそこに添付された交通事故現場見取図も捜査官の解析を反映している。

捜査当局が研究者（研究機関）に依頼して作成される鑑定書もあり、科警研や科捜研など捜査当局の解析機関の手になる鑑定書もある。捜査報告書の形で登場する解析書面もある。刑事事件以外では、保険会社関係の解析業者などが作る解析報告書が知られている。

鑑定書は、いろいろな契機に登場するが、検察などの主張を裏付ける鑑定書が提出されるときは、当然これを批判的に検討しなければならない。裁判上の鑑定を批判しなければならないことも当然ある。どのようなきっかけで登場する鑑定書や解析書面に対しても批判する力を蓄え、こちら側の解析を批判する相手方に対し正確に反論する力もそなえておきたい。

鑑定書を批判的に検討するとか反論の力をつけるなどと言うと、法律実務家はハードルが高いと感じるかも知れない。そのような人たちに次の言葉を贈ろう。先行鑑定の批判的検討（＝再鑑定）をよくするある鑑定人は、「鑑定書がやたらに分厚い」「鑑定書の構成が妙に複雑」「文章がまともな言葉になっていない」「図面が汚い」「重要な部分を異様に小さく描いている」というような鑑定書には、多く誤りがあると言う。数式や力学の専門用語に詳しくなくても鑑定書の問題性を感じ取るきっかけにはなりそうである。なんだかおかしいと感じることが批判的な検討の出発点になるということは、ハードルはそれほど高くないということを意味する。

対決鑑定はどこから攻略すればよいのか。そのような角度から鑑定解析の学習を進めることにする。

2　着目点1――計算ミスはないか

「上手の手から水が漏れていないか」。最初のチェックポイントは、鑑定書に出てくる計算ミスや算式構成上のミスの摘出である。

　手堅い見識のように見えて、土台のところで誤りを犯している鑑定がある。それも中学生でも犯さない単純な計算ミスだったりする。

　sin（サイン）をcos（コサイン）と書き違えて計算し、その上手書きの数字の9を1と読み違えたことから、あとに続くすべての解析が崩壊した例がある。計算違いを指摘された某国立大学名誉教授の鑑定人があらためて提出した鑑定補充書には「仮に計算に間違いがあったとしても、結論をゆるがすものではない」と記されていた。裁判所は無罪判決の中で、「結論の合理性を説明すべき部分に理解できないところがある以上、結論だけは正しいものであるという判断は困難である」と指摘した。

　些末なことでもあげつらえというのではない。ある結論に到達させたいという思いにはやる鑑定人は、計算や確認が甘くなって結論を左右するミスをひき起こすことがある。そこに注意を集中せよということである。

　算式構成のミスもある。n個の未知数を含む異なるn本の関係式があるとすべての解が確定値で得られる。xとyの2個の未知数の確定解を求める2元1次方程式は中学生の知識である。一般道路の衝突事故で衝突直前の車両走行速度を求めようとして、ある国立大学助教授の鑑定人は、5個の未知数に関する5本の関係式を作ったものの、なぜかそのうちの4本しか使わず、1個の未知数を適当に仮定して4元連立方程式として解き、結局速度は時速68〜80kmという結論を出した。鑑定書が用意してくれた5式を使って5元連立方程式を解いてみたところ、車両の走行速度は時速200kmを超えてしまった。あり得ない数字になったということは5本の関係式のどこかに間違いがあるということだ。鑑定人自身の手法を使って当該鑑定の矛盾を指摘するのは有効な批判の方法である。

　この事件で最高裁は、「鑑定人の鑑定にはなんらの実証的根拠もない」と断じて原判決を破棄し、事件は差戻審で無罪が確定した。

3　着目点2――粉飾はないか

専門用語や難解な数式などがいたずらに用いられていないか。「いたずら」かどうかの判断も明白ではないが、とりあえずそう説明しておこう。

　鑑定書の中には、眺めただけで頭が痛くなるほど専門用語が羅列されたり、計算式が複雑に展開されているものがある。自身の判断に深い確信がある鑑定人は、素人にわかるような表現に腐心し、自らの主張の正しさを専門用語で飾り立てないように努力する。専門用語や難解な数式を繰り出す鑑定の中には、結論に確信がないことをごまかし、もっともらしさを装う「底上げ」鑑定が多い。

　結論を導くために使わない式を適当に織り交ぜる鑑定書もある。注意深く計算を追って

いくとその式が見せかけだけで結論に関わりがないことが見抜ける場合もある。無関係の数式や専門用語を増量剤のように混ぜ込んだ「底上げ」鑑定は鑑定科学に対する冒涜である。

4　着目点3──憶測やこじつけはないか

　客観的なデータに基づかない臆測やこじつけはないか。
　鑑定人の判断はあくまで事実に基づかなければならない。分析の前提とし得る事実を厳密に特定する必要がある。断定できない事象をあたかも真実であるかのように見て論を展開するのは科学ではない。
　写真撮影報告書に何かの痕跡が写っている。タイヤ痕のようでもありスリップ痕のようでもある。事故関係車両が残したものかどうか、交通事故現場見取図には説明がない。痕跡の性質も印象させた原因物も判然としない。見分警察官は現場にスリップ痕はなかったと証言している。現場には、事件直後に救急車もパトカーもレッカー車も来ており、車線規制をして一般車両を流してもいる。
　このような状況下で行われた実況見分結果を前にして、根拠も言わずにこの痕跡は被告人車両のスリップ痕であると断定したりする。この手の鑑定人は多く自説に固執し、実況見分調書に記録がないのは警察官が見落としたからだなどと言い切る。どうしてそう言い切れるのかと尋ねたら、「そこにはスリップ痕がなければいけないのだ」とこの鑑定人は応えた。自分にはわかると強弁する臆測鑑定人は時に「千里眼鑑定人」とも言われる。

5　着目点4──見落としはないか

　解析の前提となるデータ採否の段階に見落としがないか。
　路外の川原に転落した車両が道路から直角に落ちたのか斜めに落ちたのかが問題になった。鑑定人は転落車両の側面に損傷がないことを直角転落の根拠に挙げた。しかし、その鑑定人が自ら引用した車両写真には車体の側面のスカート部に褶曲変形が歴然と写っていた。それは車両が斜めに落ち前角部から着地した際についたものであることを窺わせる事実であった。
　なぜこのように顕著なデータを見落とすのか。結論を急ぐ鑑定人の目は、「見えて見えない」状態になっているのである。対象を眼光紙背に徹するほど観察することが「節穴鑑定」を叩く準備作業になる。
　実況見分調書中の記載や写真に写っている基本的なデータなど、普通なら看過するはずのない情報を鑑定人が見落としている時に、そのことを指摘すると、こちらがびっくりするくらい動揺し、混乱し、後を続けられなくなったりすることがある。

6 着目点5──話が飛んでいないか

　解析の論理展開の問題である。大型の対向走行車両と正面衝突した小型乗用車が押し戻された際の後退速度を判定することで事故直前の小型乗用車の走行速度を鑑定することになった。その鑑定人は、押し戻し後退速度は時速30kmと時速40kmの間ということまで突き止めたとして、結論は時速35kmだと判断した。「時速35km」の根拠は30kmと40kmの間ということだけであった。
　ここには明らかに論理の飛躍がある。100点と0点の間だからこの生徒の点数は50点だと言えば、誰でも疑問を感じよう。「この幅の中」以上はしぼり込めないときは、そのように言うべきで、それ以上の推論が不能ならその方法によって答えを出すことはあきらめるしかない。足して2で割るなどというのは、和解交渉にはあっても科学解析の名には値しない。

7 着目点6──根拠薄弱ではないか

　その結論を導くには根拠が弱すぎないか。判断に説得力があるか。
　実験鑑定などによくある例である。トンネル内走行車両の運転者がトンネル内の道路上の異物を発見して衝突を回避できるかどうかの実験をした。被験者（4人のドライバー）には本当の実験目的を告げず、擬似異物をおいてトンネル内を走らせた。その結果、2人は衝突を回避し得たものの1人が衝突寸前の状況に陥り、1人は異物と衝突した。
　この結果について、鑑定人は「視認が遅れて異物をはねた者はほんの少数であった」と判断した。しかし、「4人中の1人」を「ほんの少数」とは普通言わないだろう。しかも、あとの1人はぎりぎりで衝突を避けたのである。25パーセントの被験者が異物衝突を避けられなかったことをこの鑑定人は科学的に考察していない（しかし、一審判決はこの鑑定書に基いて被告人は異物を視認できた筈だとして、有罪判決を言い渡した。）。
　この実験の手法を見る。「県警本部のご協力を得て」（鑑定書）、対向車線は一定時間全面閉鎖された。捜査の当否を判断する作業に「当事者」を協力させることにもこの鑑定人は無頓着であった。走行車両の排気ガスがトンネル内に滞留することが多く、降雨中などにはとりわけその傾向が強まる。事故発生時にもこの地域には雨が降っていた。しかし実験時には対向車線は車両がまったく走らない状態になり、実験車線も実験車以外の走行は抑制された。交通量が平生とは大きく変わり、トンネル内の排気状態も変って進路前方が視認し易くなった。
　被験者たちは、対向車線を走行してくる車両が1台もなく、沿道にパトカーや警官が待機しているのを見て、自分たちのテストの重大性を推し量り、運転上の注意意識（警戒意識）は著しく高まった筈である。排気ガスの少ないトンネル内を、4人の被験者たちは、対向走行車に注意を払う必要もなく、後方から走行してくる車を気にする必要もなく、ひたすら進路前方に注意力を集中して走り得た。これでは被告人が実際に走行した際の状況

を再現したものとはとうてい言えない。

　被験者を使う実験鑑定に特有の問題点として、どのような実験であれ被験者は強い注意意識を持つということがある。視認テストをすると伝えられていなくても、テストを受ける被験者の警戒意識は極めて高くなる。

　そのような条件下で4人のうちの1人が異物をはね、1人がはねかけた。そのことから被告人の視認可能性を判断しなければならなかったのである。実験による事故再現は実際問題としては不能に近い。実験鑑定の中には実験自体の詳細も目的もはっきりしないものが多く、実験と聞いたらいささか眉唾と思った方がよいほどである。

8　着目点7——限定条件を付けて言っているか

　「与えられた条件の下で物を言う」ことができない例が非常に多い。公式の適用法を素材に考える。

　衝突から停止までの距離 s（m）と衝突時の速度 v（m/s）の間には次の関係がある。

$$s = \frac{v^2}{2\mu g}$$

　μ（ミュー）はタイヤと路面の間の摩擦係数である。摩擦係数は数値が大きければすべりにくく、小さければすべり易いことを示す。ロックされたタイヤと乾いたアスファルト路面の場合0.6から0.75程度である。g（ジー）は重力の加速度、地上の物体には鉛直下向きの力が働いており（重力）、物体が重力によって得る加速度の値は物体の質量に関係なく9.8（m/s^2）という定数で表わされる。

　時速36km（秒速10m）の車両が衝突すると、停止までの距離は、μを0.75とすれば6.8m程度、0.6とすれば8.5m程度になる。

　ここまではいわば争いのない理屈の話であるが、問題はこの公式をどう利用するかである。衝突から停止までの距離といっても、起点の「衝突地点」と終点の「停止地点」の確定が前提になる。それだけではなく、現場見取図に衝突地点と書かれている地点は本当に衝突地点なのか、2地点間の移動中タイヤはロックされたままだったのか、一旦停止した後に何らかの理由で車両が動かされてはいないか、移動経路の路面性状の判断に誤りはないかなど、確定しなければならない前提事項がいくつもある。出会頭の事故で激突された勢いでアスファルト道路から外れ道路脇の草地に入りこんだダンプカーの動きを解析する際に、停止までの途中で路面がアスファルトから草地に変わっていることを考えに入れていない鑑定人がいた。

　また、次の公式を考える。

$$v = l\sqrt{\frac{g}{2h}}$$

　vは初速（m/s）、lは飛翔地点までの水平距離（m）、hは放出地点の地上高（m）。高さhのところから水平方向にむけて初速vの速度でとび出したものは、水平距離lmの地点に落ちるという関係を示した公式である。

この公式は、例えばフロントガラスが飛んで落ちているときに、車からフロントガラスが飛び出す速度を算出して衝突時の車両の速度を推定するなどという形で利用される。

この公式の利用もそれほど単純にはできない。計算式に代入すべき数値がはっきりしていなければならないからである。「車からフロントガラスが飛び出した時」といっても、厳密にはどの時点にどの部分から飛び出したのか。空中を飛翔するといっても、ガラスの散乱はかなり非定型である。公式に代入する生（なま）の数値の判断をいい加減にしてしまうと結論がおかしくなってしまう。

公式は結論を導く重要な武器であるが、それはいくつもの限定条件を正しく付与して用いるもので、無限定に結論を導くのは極めて危険である。

9　着目点8——冗舌に過ぎないか

最後は「冗舌」である。論戦の場で、相手を的確に斬れない時や自らの主張の弱点を知るときほど人は多弁をもって補強する。鑑定の世界も例外ではない。多弁の鑑定書の信用性は高くない。

工学解析とは関係が乏しいと思われる事故車両の入手の仕方に論及する鑑定や、運転者の前科に論及する鑑定などはその典型である。問題の主題に入る前にさして重要でない周辺事項に多くの頁を割く鑑定書もその範疇に属する。

宣誓時に「多弁と言われるが、この機会に釈明しておきたい」とさっそく多弁ぶりを披露した鑑定人がいた。控訴審の鑑定であったが、「両者の間に円満に話し合いが成立するような鑑定をしたいと思う」と述べた刑事鑑定人もいた。実際この鑑定人は、原判決認定の走行速度約70kmと他の鑑定人の認定走行速度約50kmの「中をとって」約60kmという鑑定をした。「円満な解決」の願いは外れ、裁判所はこの鑑定を採用しなかったが。

10　鑑定科学の前進のために

〔刑事弁護を突破口に〕
鑑定書は鑑定書であるがゆえに正しいということはなく、鉄壁の牙城のように思い込むのも正しくない。

現在の交通事故鑑定科学は、法医鑑定科学では解明し得なかった弱点を補う解析手法として、工学解析を中心にそのレベルを高めつつあるとは言え、現段階の水準はかなり低い。言い方を変えれば、法律実務家が多少努力することにより、解析の誤りを明らかにし、裁判所に正しい評価を求めることはそれほど難しくないということでもある。

〔鑑定の党派性とその基盤〕
誤鑑定の最大の原因は鑑定人の党派性である。一定の結論を予め持ち、その結論を引き出すのに役立つ材料だけを拾い出したり、恣意的な解釈に走ったりする鑑定が少なくない。

党派性の淵源は、鑑定科学が治安管理の国家統治科学として生まれ、警察捜査を補完し合理化する技術として育てられたという歴史経過に由来する。故江守一郎成蹊大学教授は、

「捜査官から相談を受ける事案の2割程度は捜査側の判断に重大な誤りがあった」と述べたことがある。衝撃を受ける数字である。

〔情報の非公開〕

水準を低くする事情のひとつに情報の非公開の問題がある。科警研などの警察関係機関の研究成果の大半が公開されていない。警察機構は大がかりな研究態勢を整えているが民間人はこれを利用することもできない。かくして不毛の環境下にはびこるのが「解析屋」である。弁護士が十分に活動しない（できない）ところには事件屋が跳梁するが、優れた鑑定人が少ないと「解析屋」が跳梁するという関係も存在する。

〔研究体制の遅れ〕

事故解析を正面から研究しているメーカーや大学の研究組織は少ない。長きにわたって新車の開発にも製品の品質向上にもほとんど役立たないと考えられ、研究も発展せず研究者も育たない状態が続いてきた。この間かなり減少したとは言え、それでも年間4000人近い死者と50万人近い負傷者が出る交通事故にどう立ち向かうのか。車の病理現象としての交通事故のメカニズムを解明する国家的、社会的態勢のお粗末さと無責任を痛感する。

〔打開の道〕

問題状況を打開する当面のささやかな方策と多少長期にわたるプランに触れる。

第1は、裁判上の鑑定を登場させる機会を増やすことである。刑事で1パーセント以下、民事で数パーセントという鑑定事件数は、あまりにも少ない。「鑑定書はあまり信用していない」と公言する裁判官もいるが、無理もないと思う反面、遺憾な状況だとも思う。裁判官の科学的知見の水準も褒められないのである。素人が自分たちの「経験」や「勘」を頼りに裁判をすることは危険である。

鑑定登場の機会を増やせば問題ある鑑定も増えるかも知れないが、それには実務法律家の水準を高めて対応する以外にない。鑑定不信から鑑定拒絶に進み、裁判の科学化から遠ざかる結果、鑑定不信がさらに強まるという悪循環を断ち切る必要がある。

交通事故の裁判が増えた1970年ころ以降、時の経過とともに裁判上の鑑定件数が減少していった。裁判に手間を掛けられない状況とも言われた。その後、裁判所に係属する事件の数は確実に減少傾向をたどっているのに、鑑定件数は回復しないまま現在に至っている。悪しき「合理化」の傾向は強まりこそすれ改善には向かっていない。

第2に、法律家と科学者の理解を深めることである。英国には、法律家と研究者の相互理解を妨げているのは法律家の誤解であるとする説があるらしい。「鑑定人は完全な正解などなかなか出せない。科学者の判断はあくまで暫定的な判定にとどまるのに法律家は絶対的正確さを求める」と紹介されている（「イギリス刑事訴訟における科学鑑定」庭山英雄・日本評論社刊『刑事裁判の理論』）。

衝撃の指摘である。私がこれまで手にしたほとんどの鑑定書・鑑定人は、敢然と「完全な正解」を示していた。鑑定人が自分が現場にいて終始視認していたかのように「正解」を言い切るおかしさを幾度も体験させられた。「講釈師見てきたようなウソを言い」である。

限りあるデータに基づいて判断することを求められるのだから、この材料ではこの程度

しか言えないということがあって当然である。わからないことをわからないというのは能力不足を自白することではなく、むしろ有能と勇気の証拠である。そのことを法律家と科学者は共通の前提とすることが大切だろう。

　第3は、長期的な展望になるが、中立的な交通事故研究組織を設けることを挙げておこう。捜査当局やメーカーや行政当局とは真に独立した研究組織を設けることは問題解決の重要な鍵である。

　そういう態勢がこの国にできるためには、交通事故事件の取り組みが現場で旺盛に展開されることが必須の前提になることは言うまでもない。

第5章
力学の基礎知識を身につける

　交通事故事件を科学的に解明するためには、基本的な力学知識が必要になる場合が多い。それほど高度なレベルの知識が求められるわけではないが、警察の科学捜査研究部門の分析に動じない水準ではありたい。
　高等学校で物理を選択しなかったとか、数学は何とも苦手という法律家は少なくないが、必要に迫られれば知恵はつく。本章は、交通事故事件の捜査過程に登場する科学解析書面をそれほど苦労せずに理解し、批判もできるレベルになることを目標にする。
　転倒し30m滑走して停止したバイクの転倒直前の走行速度はどの程度か。停止線から25m過ぎた地点で50km毎時の走行速度を出している車両は停止線で一時停止をしていたと言えるか（その可能性は肯定できるか）、しなかったと考えるべきか（その可能性は否定されるか）。このような問題を検討するための力学的な計算が鑑定書等の解析書面によく登場する。その計算の方法を心得ておくことは、書面の内容を理解するのに役立つだけでなく、事故の真相を解明したり、供述の信用性を検討する上でも役に立つ。

　以下に、鑑定書等の解析書面によく登場する計算とその解答例を示す。例題と同種の事例であれば、例題の計算式に適当な数値を代入すれば計算できる。例題にない問題は専門家に委ねることになるが、例題は交通事故の解析に登場する計算の多くをカバーしている。
　本章では以下の記号と単位、値を用いる。

　　μ（ミュー）　　制動時のタイヤと路面の摩擦係数や滑走時の車体と路面の摩擦係数。本章では、全制動時のタイヤと路面の摩擦係数を$\mu=0.7$として計算する。これは乾燥アスファルト路面の場合の平均的な値である。その他の路面の場合の摩擦係数については次頁注参照。
　　g（ジー）　　重力の加速度を表わす定数。$9.8\mathrm{m/s^2}$。
　　s　　　　　距離、単位はメートル（m）。
　　t　　　　　時間、単位は秒（s）。
　　v　　　　　速度（v_0は初速度、v_1は終速度）、単位は秒速（m/s）。
　　α　　　　　加速度、単位は$\mathrm{m/s^2}$。

R　　　　　　　カーブの旋回半径（「回転半径」、「曲率半径」ともいうが、本章では「旋回半径」という。）、単位はメートル（m）。

なお、記号≒を用いて計算結果を示すべきときを含め、例題では便宜すべて記号＝を用いる。

(注)各種路面に対するタイヤの摩擦係数

路　　面	摩擦係数
乾いたアスファルトまたはコンクリート	0.7
ぬれたコンクリート	0.5
ぬれたアスファルト	0.45-0.6
砂利道路	0.55
乾いた非舗装道路	0.65
ぬれた非舗装道路	0.4-0.5
固くなった雪	0.15
氷	0.07

江守一郎著「自動車事故工学」

【例題一覧】

① 数式中の文字
② 時速と秒速の換算
③ ABS
④ 往復の平均速度
⑤ 停止までの制動距離
⑥ 制動直前の速度
⑦ 傾斜路面の制動距離
⑧ 傾斜路面の制動直前の速度
⑨ 転倒直前のバイクの速度
⑩ 速度と加速度
⑪ 停止までの制動時間
⑫ 全制動による速度の低下
⑬ 速度低下に要する制動距離
⑭ 速度低下に要する制動時間
⑮ 制動時間と制動距離
⑯ 衝突速度と制動開始直前の速度
⑰ 加速に要する走行距離
⑱ 自然落下に要する時間
⑲ 飛び出し速度
⑳ 跳ねられた被害者の放出初速度
㉑ カーブを走行できる最大速度
㉒ 走行できるカーブの最小半径
㉓ 2台の車両の衝突速度（1次元衝突）
㉔ 2台の車両の衝突速度（2次元衝突）

① 数式中の文字

力学の数式中では普通「v」は車速、「m」は車体の質量を表わすことになっているようだが、「v」、「m」は他の意味で使われることはないのか。文字の用い方のルールを教えてほしい。

また、「τ」、「λ」などはどう読むのか。

ギリシャ文字の読み方を下表に示す。鑑定人に対する反対尋問中にギリシャ文字の読み方を間違えたり、鑑定人に読み方を尋ねたりしないように注意しよう。鑑定人は与し易しと考える。

小文字	大文字	読み	小文字	大文字	読み
α	A	アルファ	ν	N	ニュー
β	B	ベータ	ξ	Ξ	グザイ
γ	Γ	ガンマ	o	O	オミクロン
δ	Δ	デルタ	π	Π	パイ
ε	E	イプシロン	ρ	P	ロー
ζ	Z	ジータ	σ	Σ	シグマ
η	H	イータ	τ	T	タウ
θ	Θ	シータ	υ	Υ	ウプシロン
ι	I	イオタ	ϕ	Φ	ファイ
κ	K	カッパ	χ	X	カイ
λ	Λ	ラムダ	ψ	Ψ	プサイ
μ	M	ミュー	ω	Ω	オメガ

力学の数式中にどのような文字を使っても力学的、数学的に誤りではないが、誤解と混乱を避けるために次表のような意味で使うことが多い。「＊」を付したものは表以外の意味で使われることはほとんどない。「v」、「g」を速度、加速度以外の意味で使ったり、「vは衝突前の速度、v'は衝突後の速度」などという表現を用いている鑑定書は力学、数学の素養のない者が書いたと考えてよい。

	a, A, α	angle	角，角度
		acceleration	加速度
	c, C	constant	定数
	d, D	difference, distance	差，距離
		diameter	直径
＊	e	the coefficient of elasticity	反発係数，弾性係数

	f, F	force	力
*	g, G	gravity, gravitation the acceleration of gravity	重力。重力の加速度
	h, H	height	高さ
	i	integer	整数
	l, L	length	長さ
*	m, M	mass	質量
	n, N	natural number	自然数
	O	origin	座標の原点
	r, R	radius	半径
*	t, T	time	時間
*	v, V	velocity	速度，速さ
*	v'		v の微分＝加速度
*	w, W	weight	重量
	x, X		x座標の値，未知数
	y, Y		y座標の値
	z, Z		z座標の値

なお、参考に一言つけ加える。交通事故事件では書面に数式を入れる必要に迫られることがある。通常のワープロ機能では、分数式は、

$$t = v/(\mu g) = 16.57/(0.7 \times 9.8)$$

のように、またルートを含む式は、

$$v = \sqrt{(2\mu g s)} = \sqrt{(2 \times 0.7 \times 9.8 \times 20)}$$

のように表記されるのが普通である。見易い表記法ではないので、そこだけ手書きにしたりする人もいるが、いかにも素人くさく、やはり見苦しい。

「一太郎」や「Word」には数式作成ツールが標準装備されている。これを使えば数学の参考書のようなきれいな数式が簡単に表記できる。メニューに数式作成ツールが見当たらなければ、ヘルプかマニュアルを参照して追加インストールすればよい。

---

② 時速と秒速の換算

36km/hは何m/sか。20m/sは何km/hか。

〔時速の数値〕÷3.6＝〔秒速の数値〕であるから36km/hは、

$$36 \div 3.6 = 10 (\mathrm{m/s})$$

〔秒速の数値〕×3.6＝〔時速の数値〕であるから20m/sは、
$$20 \times 3.6 = 72 \text{(km/h)}$$

> ③ ABS
> 　ABSが装備されている車両は制動痕がつかないか。

　ABS（アンチロックブレーキングシステム Anti-lock Braking System）が装備されていても制動痕は印象される。
　ブレーキペダルを踏み込むとタイヤは回転しない状態（「ロック状態」という。）または回転しにくい状態になり、タイヤ接地面が路面をこする抵抗で速度が低下する。これが制動である。ロック状態よりもいくらかタイヤが回転する状態の方が制動効果は高い。ブレーキペダルを強く踏み込んだとき、なるべく制動効果が高い状態を保つように各車輪の制動状態を自動的にコントロールする装置がABSである。
　ABSが装備されていてもタイヤが路面をこすることによって制動がかかることに変わりはない。ABSのない場合に比べて制動痕が薄くなったり、断続的になっていたりすることはあるが、制動痕は印象される。

> ④ 往復の平均速度
> 　2地点間を往き60km/h、帰り30km/hで往復する車両の平均速度はいくらか。

　往復する車両の平均速度を「往きの速度と帰りの速度の相加平均」と考えれば、
$$\text{平均速度} = \frac{\text{往きの速度}+\text{帰りの速度}}{2} = \frac{60+30}{2} = 45\text{km/h}$$
ということになる。そのように考えると、例えば往き60km/h、帰り0km/hの場合、
$$\text{平均速度} = \frac{60+0}{2} = 30\text{km/h}$$
となるが、帰りの速度が0km/hとはいつまでたっても戻ってこないということであるから、この考え方は不合理であることがわかる。
　往復の平均速度とは、同じ時間で往復できる単一の速度と定義するのが普通である。平均には相加平均のほかにもいろいろな平均があるが、この定義に合う平均は調和平均である。
　調和平均とは「逆数の相加平均の逆数」である。往き60km/h、帰り30km/hとすると、逆数1/60、1/30の相加平均は、
$$\frac{\frac{1}{60}+\frac{1}{30}}{2} = \frac{\frac{3}{60}}{2} = \frac{\frac{1}{20}}{2} = \frac{1}{40}$$
だから、調和平均は$\frac{1}{40}$の逆数、つまり40km/hになる。距離を片道60km、往復120kmと仮定すると、往き60km/h、帰り30km/hの場合の所要時間は往き1時間、帰り2時間の計

3時間になる。これと同じ時間で往復の120kmを走行する単一の速度は確かに、

$$\frac{120}{3} = 40 \text{km/h}$$

である。この定義の平均速度が調和平均で求められることがわかる。

また、往き60km/h、帰り0km/hのように、0km/hを含む場合の平均速度についても、

$$\frac{\frac{1}{60} + \frac{1}{0}}{2} = \frac{\frac{1}{60} + \infty}{2} = \infty$$

$$\therefore 調和平均 = \frac{1}{\infty} = 0 \text{km/h} \quad (\infty : 無限大)$$

となり、相加平均のときのような不合理はない。

⑤ 停止までの制動距離

72km/h（20m/s）の速度で走行中の車両が全制動をかけて停止した。制動距離は何mか。

タイヤと路面の摩擦係数を$\mu = 0.7$、重力の加速度を$g(= 9.8\text{m/s}^2)$とすると、$v = 20$（m/s）の車両の制動距離s(m) は、

$$\begin{aligned}
s &= \frac{v^2}{2\mu g} \\
&= \frac{20^2}{2 \times 0.7 \times 9.8} \\
&= 29.15 \text{(m)}
\end{aligned}$$

（表3参照）

⑥ 制動直前の速度

20mのブレーキ痕を印象して車両が停止した。制動をかける直前の走行速度はどの程度か。

制動距離を$s = 20$(m)、タイヤと路面の摩擦係数を$\mu = 0.7$、重力の加速度を$g (= 9.8\text{m/s}^2)$とすると、制動開始直前の速度v(m/s)は、

$$\begin{aligned}
v &= \sqrt{2\mu g s} \\
&= \sqrt{2 \times 0.7 \times 9.8 \times 20}
\end{aligned}$$

$= 16.57 (\text{m/s}) \xrightarrow{\times 3.6} 59.6 \text{km/h}$　　　　　　　　　　（表3参照）

⑦ 傾斜路面の制動距離

傾斜角3°の上り坂を72km/h(20m/s)の速度で走行中の車両が全制動をかけて停止した。制動距離は何mか。

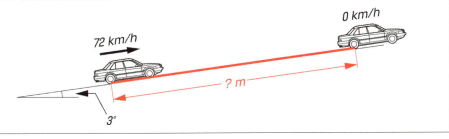

タイヤと路面の摩擦係数を$\mu = 0.7$、傾斜角$\theta = 3(°)$、重力の加速度を$g(=9.8\text{m/s}^2)$とすると、$v = 20(\text{m/s})$の車両の制動距離$s(\text{m})$は、

$$s = \frac{v^2}{2g(\mu\cos\theta + \sin\theta)}$$

$$= \frac{20^2}{2 \times 9.8 \times (0.7 \times \cos 3 + \sin 3)}$$

$$= 27.16 (\text{m})$$　　　　　　　　　　　　　　　　　　　（表4参照）

⑧ 傾斜路面の制動直前の速度

傾斜角3°の上り坂で20mのブレーキ痕を印象して車両が停止した。制動をかける直前の走行速度はどの程度か。

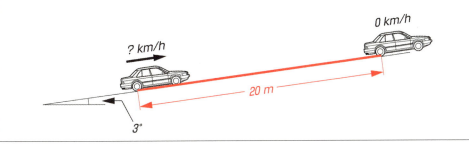

制動距離を$s = 20(\text{m})$、タイヤと路面の摩擦係数を$\mu = 0.7$、傾斜角を$\theta = 3(°)$、重力の加速度を$g(=9.8\text{m/s}^2)$とすると、制動開始直前の速度$v(\text{m/s})$は、

$$v = \sqrt{2gs(\mu\cos\theta + \sin\theta)}$$

$$= 2 \times 9.8 \times 20 \times (0.7 \times \cos 3 + \sin 3)$$

$$= 17.16 (\text{m/s}) \xrightarrow{\times 3.6} 61.8 \text{km/h}$$　　　　　　　　　　（表4参照）

〔コメント〕

傾斜角3°というと、10m進んで52cm上がるという普通の道路には少ない急勾配である

が、例題⑥の平坦路面として計算した速度とそれほど大きな違いはない。一般的な道路の傾斜程度であれば、傾斜による影響は無視してもあまり問題がない。

⑨ 転倒直前のバイクの速度

バイクが転倒し、路面を30m滑走して停止した。転倒直前のバイクの走行速度はどの程度か。

バイクが滑走する際の車体と路面の摩擦係数μは0.35程度である。滑走距離を$s=30$(m)、$\mu=0.35$とすると、転倒直前の速度v(m/s)は、

$$v = \sqrt{2\mu g s}$$
$$= \sqrt{2 \times 0.35 \times 9.8 \times 30}$$
$$= 14.35 \text{(m/s)} \xrightarrow{\times 3.6} 51.6 \text{km/h}$$

⑩ 速度と加速度

停止していた車両が加速度2m/s^{2}で発進した。5秒後の速度はいくらか。

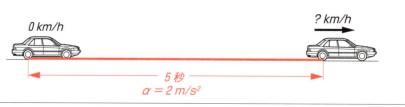

初速度$v_0=0$、加速度$\alpha=2$、時間$t=5$であるから、終速度v_1は、

$$v_1 = v_0 + \alpha t$$
$$= 0 + 2 \times 5$$
$$= 10 \text{(m/s)} \xrightarrow{\times 3.6} 36 \text{km/h}$$

⑪ 停止までの制動時間

例題⑥で、制動を開始してから車両が停止するまでの時間は何秒か。

［解法その１］

制動開始直前の速度 $v=16.57 \mathrm{(m/s)}$ と制動距離 $s=20 \mathrm{(m)}$ より、制動時間 $t(\mathrm{s})$ は、

$$t=\frac{2s}{v}$$
$$=\frac{2\times 20}{16.57}$$
$$=2.4(\mathrm{s})$$

［解法その2］

制動開始直前の速度 $v=16.57 \mathrm{(m/s)}$ と加速度 μg より、制動時間 $t(\mathrm{s})$ は、

$$t=\frac{v}{\mu g}$$
$$=\frac{16.57}{0.7\times 9.8}$$
$$=2.4(\mathrm{s})$$

⑫ 全制動による速度の低下

72km/h(20m/s)で走行している車両が25mの間全制動をかけ続けると、どの程度まで速度が低下するか。

初速度を $v_0=20 \mathrm{(m/s)}$、タイヤと路面の摩擦係数を $\mu=0.7$ とすると、終速度 $v_1 \mathrm{(m/s)}$ は、

$$v_1=\sqrt{v_0{}^2-2\mu gs}$$
$$=\sqrt{20^2-2\times 0.7\times 9.8\times 25}$$
$$=7.55 \mathrm{(m/s)} \xrightarrow{\times 3.6} 27.2 \mathrm{km/h}$$

⑬ 速度低下に要する制動距離

走行速度108km/h(30m/s)の車両が全制動をかけて72km/h(20m/s)まで速度が低下するのに要する制動距離は何mか。

初速度を $v_0=30 \mathrm{(m/s)}$、終速度を $v_1=20 \mathrm{(m/s)}$、タイヤと路面の摩擦係数を $\mu=0.7$ とすると、制動距離 $s \mathrm{(m)}$ は、

$$s = \frac{v_0{}^2 - v_1{}^2}{2\mu g}$$
$$= \frac{30^2 - 20^2}{2 \times 0.7 \times 9.8}$$
$$= 36.4 \text{(m)}$$

⑭ **速度低下に要する制動時間**

例題⑬で、制動に要する時間は何秒か。

［解法その1］

初速度 $v_0 = 30 \text{(m/s)}$、終速度 $v_1 = 20 \text{(m/s)}$ と制動距離 $s = 36.4 \text{(m)}$ より、制動時間 $t \text{(s)}$ は、

$$t = \frac{2s}{v_0 + v_1}$$
$$= \frac{2 \times 36.4}{30 + 20}$$
$$= 1.5 \text{(s)}$$

［解法その2］

初速度 $v_0 = 30 \text{(m/s)}$、終速度 $v_1 = 20 \text{(m/s)}$ と加速度 μg より、制動時間 $t \text{(s)}$ は、

$$t = \frac{v_0 - v_1}{\mu g}$$
$$= \frac{30 - 20}{0.7 \times 9.8}$$
$$= 1.5 \text{(s)}$$

⑮ **制動時間と制動距離**

108km/h（30m/s）で走行している車両が5秒間制動をかけた結果、走行速度が36km/h（10m/s）まで低下した。この間の走行距離は何mか。

初速度を $v_0 = 30 \text{(m/s)}$、終速度を $v_1 = 10 \text{(m/s)}$ とすると、制動距離 $s \text{(m)}$ は、

$$s = \frac{v_0+v_1}{2}t$$
$$= \frac{30+10}{2}\times 5$$
$$= 100(\mathrm{m})$$

⑯ 衝突速度と制動開始直前の速度

　車両が30mの制動痕を印象して電柱に衝突して停止した。電柱への衝突速度を7.2km/h(2m/s)とすると、制動開始直前の速度はどの程度か。衝突速度が36km/h(10m/s)の場合はどうか。

　終速度（衝突速度）を $v_1=2(\mathrm{m/s})$、タイヤと路面の摩擦係数を $\mu=0.7$、制動距離を $s=30(\mathrm{m})$ とすると、初速度 $v_0(\mathrm{m/s})$ は、
$$v_0 = \sqrt{v_1^2+2\mu gs}$$
$$= \sqrt{2^2+2\times 0.7\times 9.8\times 30}$$
$$= 20.39(\mathrm{m/s}) \xrightarrow{\times 3.6} 73.4\mathrm{km/h}$$

　終速度（衝突速度）が $v_1=10(\mathrm{m/s})$ の場合は、
$$v_0 = \sqrt{v_1^2+2\mu gs}$$
$$= \sqrt{10^2+2\times 0.7\times 9.8\times 30}$$
$$= 22.62(\mathrm{m/s}) \xrightarrow{\times 3.6} 81.4\mathrm{km/h}$$

〔コメント〕

　衝突時の速度に大きな違いがあっても制動開始直前の速度の計算結果にはあまり大きな影響を与えない。衝突時の速度が厳密に推定できなくても、制動開始直前の速度をある程度絞り込むことが可能である。

⑰ 加速に要する走行距離

　停止線から25m過ぎた地点で50km/h(13.89m/s)の速度で衝突した車両は、停止線で一時停止をしたといえるか。ただし、この車両の最大加速度を $0.3g$ とする。

一時停止後、最大加速をした場合に25mの走行距離で得られる最大速度v(m)は、
$$v = \sqrt{2\mu g s}$$
$$= \sqrt{2 \times 0.3 \times 9.8 \times 25}$$
$$= 12.12 \text{(m/s)} \xrightarrow{\times 3.6} 43.6 \text{km/h}$$
である。また、50km/h(13.89m/s)の速度に達するのに必要な走行距離s(m)は、
$$s = \frac{v^2}{2\mu g}$$
$$= \frac{13.89^2}{2 \times 0.3 \times 9.8}$$
$$= 32.8 \text{(m)}$$
である。この車両は一時停止をしたとは言えない。

⑱ **自然落下に要する時間**
高さ5mの崖から物体が落下するのに何秒かかるか。

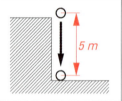

垂直距離$h = 5$(m)を自然落下するのに要する時間t(s)は、
$$t = \sqrt{\frac{2h}{g}}$$
$$= \sqrt{\frac{2 \times 5}{9.8}}$$
$$= 1.01 \text{(s)}$$

⑲ **飛び出し速度**
高さ5mの崖から水平に飛び出した車両が20m先（ただし、崖の直下からの水平距離）に着地した。飛び出した速度はどの程度か。

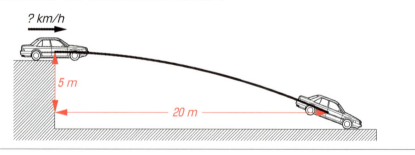

垂直距離$h = 5$(m)を自然落下するのに要する時間は、$t = 1.01$(s)（例題⑱参照）。この間に水平距離$s = 20$(m)を進行しているから、車両の飛び出し速度v(m/s)は、
$$v = \frac{s}{t}$$

$$= \frac{20}{1.01}$$
$$= 19.80 \text{(m/s)} \xrightarrow{\times 3.6} 71.3 \text{km/h}$$

⑳ 跳ねられた被害者の放出初速度

車両に跳ねられた被害者が宙を飛んで落下後、路面を滑走して衝突地点から20m先に停止した。被害者(被害者重心)が地上高1.2mから水平に放出されたとすると、放出初速度はどの程度か。

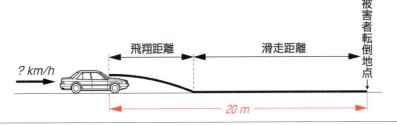

[解法その1]

高さhの地点から仰角θ、速度vで放出された被害者重心が路面に着地するまでの間の運動は次式で表わされる(空気抵抗は無視する)。

$$\begin{cases} y = h + vt\sin\theta - \frac{1}{2}gt^2 & \cdots\cdots\cdots\text{(a)} \\ x = vt\cos\theta & \cdots\cdots\cdots\text{(b)} \end{cases}$$

ここで、tは放出後の時間、x, yは時間tにおける被害者重心の座標である。

路面に落下する時間tは(a)式に$y=0$を代入してtについて解けば得られる。これを解いて$t>0$をみたすtを求めると、

$$t = \frac{v\sin\theta + \sqrt{v^2\sin^2\theta + 2gh}}{g} \quad\cdots\cdots\cdots\text{(c)}$$

となる。

時間tの間の水平移動距離が飛翔距離l_1である。(b)式に(c)式を代入するとl_1は、

$$l_1 = v\cos\theta \cdot t$$
$$= \frac{v^2\sin\theta\cos\theta + v\cos\theta\sqrt{v^2\sin^2\theta + 2gh}}{g} \quad\cdots\cdots\cdots\text{(d)}$$

と表わされる。

着地後、被害者はバウンドところがりを伴って滑走する。見かけ上摩擦係数μで滑走したとすると滑走距離l_2は、

$$l_2 = \frac{v^2\cos^2\theta}{2\mu g} \quad\cdots\cdots\cdots\text{(e)}$$

したがって物体の移動距離$l=$飛翔距離l_1+滑走距離l_2は(d)、(e)式より、

$$l = \frac{v^2\sin\theta\cos\theta + v\cos\theta\sqrt{v^2\sin^2\theta + 2gh}}{g} + \frac{v^2\cos^2\theta}{2\mu g} \quad\cdots\cdots\cdots\text{(f)}$$

第2編　基本活動

となる。これを整理して、
$$v^4(4\mu\sin\theta\cos^3\theta+\cos^4\theta)-2v^2(4\mu^2gl\sin\theta\cos\theta$$
$$+2\mu gl\cos^2\theta+4\mu gh\cos^2\theta)+4\mu^2g^2l^2=0 \quad \cdots\cdots(\text{g})$$

解の公式で v^2 について解くと、
$$v^2=\frac{-B\pm\sqrt{B^2-AC}}{A}$$

となる。ここで、$A=4\mu\sin\theta\cos^3\theta+\cos^4\theta$
$$B=-2\mu g(2\mu l\sin\theta\cos\theta+l\cos^2\theta+2h\cos^2\theta)$$
$$C=4\mu^2g^2l^2$$

である。v は正値をとって、
$$v=\sqrt{\frac{-B\pm\sqrt{B^2-AC}}{A}} \quad \cdots\cdots(\text{h})$$

となる

(h)式に移動距離 $l=20(\text{m})$、放出高さ $h=1.2(\text{m})$、仰角 $\theta=0(°)$、摩擦係数 $\mu=0.7$ を代入して放出初速度 v を求めると、
$$v=13.51(\text{m/s}) \xrightarrow{\times 3.6} 48.7\text{km/h}$$

となる

[解法その2]

　表計算ソフトExcelの「ソルバー」という機能を利用する。「ソルバー」は計算結果が目的の値になるような出発点の数値を自動的に探索する機能である。標準インストールでは「ソルバー」がインストールされないこともある（[ツール]メニューをプルダウンしたとき、「ソルバー」が表示されなければインストールされていない。）。その場合はExcelのヘルプかマニュアルを参照して追加インストールをする。

　前記(d)、(e)式（または(f)式）を入力して放出初速度 v のセルに数値を入力すれば l のセルに移動距離 l の計算結果が出力されるようにしたうえで、l の出力が20mになる放出初速度 v をソルバーで探索する。

〔コメント〕

　水平に放出された場合に限定すれば、$\cos 0=1$、$\sin 0=0$ となり、前記(d)、(e)、(f)式はずっと簡単になる。

　この例題は「ソルバー」で解を求める方法が実用的である。「ソルバー」は他にも、例題㉔のような連立方程式を解く場合など、いろいろな利用法があり、インストールしておくことを薦める。

　また、簡便に解を求めるには、表2を参考にしてほしい。放出初速度から移動距離を推定することも、移動距離から放出初速度を推定することもこれによって簡単にできる。

㉑ カーブを走行できる最大速度

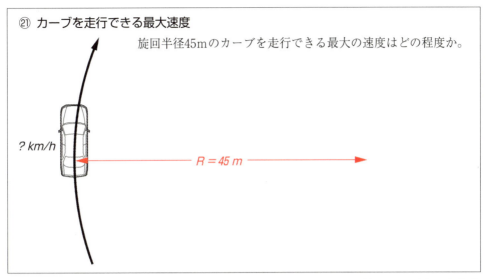

旋回半径45mのカーブを走行できる最大の速度はどの程度か。

　車両がカーブに沿って走行すると遠心力のために車両はカーブの外側に飛び出そうとする。タイヤと路面の摩擦力が遠心力に対抗している間はカーブを飛び出すことなく、カーブに沿って走行できる。カーブを走行する速度が大きくなると遠心力が大きくなって摩擦力がそれに対抗できなくなり、車両はカーブの接線方向に飛び出す。

　旋回半径 $R = 45 (\mathrm{m})$ のカーブを飛び出すことなく走行できる最大速度 $v(\mathrm{m/s})$ は、

$$v = \sqrt{\mu g R}$$
$$= \sqrt{0.7 \times 9.8 \times 45}$$
$$= 17.57 (\mathrm{m/s}) \xrightarrow{\times 3.6} 63.3 \mathrm{km/h}$$

㉒ 走行できるカーブの最小半径

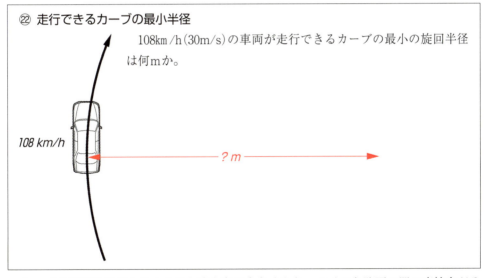

108km/h(30m/s)の車両が走行できるカーブの最小の旋回半径は何mか。

　カーブの旋回半径が小さくなると遠心力が大きくなり、タイヤと路面の間の摩擦力がそれに対抗できなくなって車両はカーブの接線方向に飛び出す。

第2編　基本活動

速度 $v=30\,(\mathrm{m/s})$ の車両が飛び出すことなく走行できるカーブの最小旋回半径 $R(\mathrm{m})$ は、

$$R = \frac{v^2}{\mu g}$$
$$= \frac{30^2}{0.7 \times 9.8}$$
$$= 131.2\,(\mathrm{m})$$

㉓　2台の車両の衝突速度（1次元衝突）

　A車（黒色）が停止中のB車（赤色）に追突し、衝突後両車は一体となって20km/hで移動した。A車の衝突速度は何km/hか。ただし、A車の重量は1000kg、B車の重量は1500kgとする。

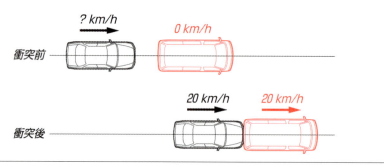

衝突直前の　A車の速度を　v_{A_0}、
　　　　　　B車の速度を　v_{B_0}、
衝突直後の　A車の速度を　v_{A_1}、
　　　　　　B車の速度を　v_{B_1}

とし、A車の重量を m_A、B車の重量を m_B とすると、

$$m_A v_{A_0} + m_B v_{B_0} = m_A v_{A_1} + m_B v_{B_1}$$

変形して、

$$m_A v_{A_0} = m_A v_{A_1} + m_B v_{B_1} - m_B v_{B_0}$$
$$\therefore v_{A_0} = \frac{m_A v_{A_1} + m_B v_{B_1} - m_B v_{B_0}}{m_A}$$

$v_{B_0}=0$、$v_{A_1}=v_{B_1}=20$、$m_A=1000$、$m_B=1500$ を代入して、

$$v_{A_0} = \frac{1000 \times 20 + 1500 \times 20 - 1500 \times 0}{1000}$$
$$= 50\,(\mathrm{km/h})$$

〔コメント〕

　実際には、衝突の前後に両車が同一直線上を移動する衝突態様はあまりない。多くの場合、この例題の式はそのまま用いず、例題㉔の2次元衝突の計算のベースとして使うことになる。

㉔ 2台の車両の衝突速度（2次元衝突）

A車（黒色）とB車（赤色）が出会い頭に衝突し、衝突後A車は15m、B車は10m進行してそれぞれ図の位置に停止した。A車とB車の衝突時の走行速度はそれぞれ何km/hか。

ただし、A車の重量は1000kg、B車の重量は1500kgとし、衝突後両車はいずれもロック制動の状態で停止位置まで移動したとする。

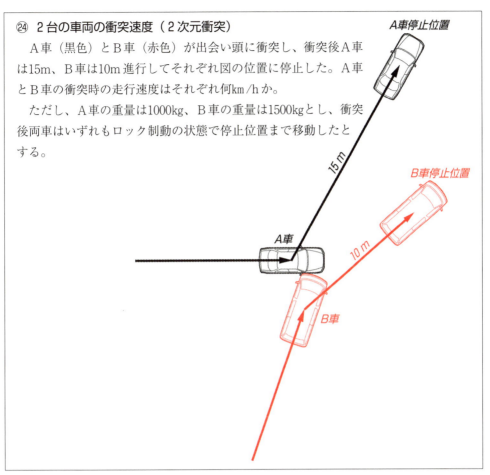

衝突直前の　A車の速度を　　v_{A_0}、
　　　　　　A車の方向角を　$\alpha_{A_0} = 0(°)$、
　　　　　　B車の速度を　　v_{B_0}、
　　　　　　B車の方向角を　$\alpha_{B_0} = 70(°)$、
衝突直後の　A車の速度を　　v_{A_1}、
　　　　　　A車の方向角を　$\alpha_{A_1} = 60(°)$、
　　　　　　B車の速度を　　v_{B_1}、
　　　　　　B車の方向角を　$\alpha_{B_1} = 40(°)$、

とし、A車の重量をm_A、B車の重量をm_Bとする。ただし衝突前のA車の進行方向にx軸、それと直交する方向にy軸をとり、方向角は右図のようにx軸正の方向となす角度である（図はα_{B_1}のとり方。α_{A_0}、α_{B_0}、α_{A_1}についても同じ。）。

x軸方向の速度成分について、

$$m_A v_{A_0}\cos\alpha_{A_0} + m_B v_{B_0}\cos\alpha_{B_0} = m_A v_{A_1}\cos\alpha_{A_1} + m_B v_{B_1}\cos\alpha_{B_1} \quad \cdots(a)$$

y軸方向の速度成分について、

$$m_A v_{A_0}\sin\alpha_{A_0} + m_B v_{B_0}\sin\alpha_{B_0} = m_A v_{A_1}\sin\alpha_{A_1} + m_B v_{B_1}\sin\alpha_{B_1} \quad \cdots(b)$$

第2編　基本活動

衝突後A車は15m、B車は10m進行して停止したことから、

$$v_{A_1} = \sqrt{2\mu g s} = \sqrt{2 \times 0.7 \times 9.8 \times 15} = 14.35 \text{(m/s)}$$
$$v_{B_1} = \sqrt{2\mu g s} = \sqrt{2 \times 0.7 \times 9.8 \times 10} = 11.71 \text{(m/s)}$$

m_A、v_{A_1}、$α_{A_0}$、$α_{A_1}$、m_B、v_{B_1}、$α_{B_0}$、$α_{B_1}$ に数値を代入して v_{A_0}、v_{B_0} について連立方程式(a)、(b)式を解くと、

$$v_{A_0} = 12.00 \text{(m/s)} \xrightarrow{\times 3.6} 43.2 \text{km/h}$$
$$v_{B_0} = 16.83 \text{(m/s)} \xrightarrow{\times 3.6} 60.6 \text{km/h}$$

となる。

〔コメント〕

連立方程式の数値解を求めるには、時間と自信があれば腕力でもよいが、数学ソフトか表計算ソフトを使うのが便利である。

扱いやすさ、手軽さなどの点で表計算ソフトで解く方法を薦める。表計算ソフトで数学的な問題を解く方法については、多数の解説本が出版されている。

数学ソフトは数学的な問題を解くには最適であるが、多くは操作が独特であるうえ、ヘルプやマニュアルに数学に関する説明がない（例えば、逆行列を求める操作方法の説明はあっても、逆行列とは何かという説明はない。）など、数学やソフトに不慣れな人にはやや扱いにくい。

第6章
危険運転致死傷罪にとりくむ

1 「世論背景立法」の特質

　危険運転致死傷事件については、犯罪に向き合う弁護人の見地を曖昧にすると弁護方針が曖昧になり事件の争点が不明瞭になる。
　危険運転致死傷罪が登場して20年近くが経過した。裁判事例はそれほど多いとは言えないが、擬律の上でも弁護活動の上でも極めて問題が多い犯罪類型である。危険運転致死事件は裁判員裁判の対象事件である。
　2000年4月に神奈川県座間市で、飲酒・無免許・無車検・無保険で運転していた車両が歩道に突っ込み、歩道を歩いていた大学生2名を死亡させた。事故で息子を失った親が「悪質運転者」に対する刑事処分の厳罰化を求めて立法運動に立ち上がった。賛同する被害者遺族たちは全国各地で街頭署名を重ね、2001年に37万余の署名を法務大臣に提出し、署名運動を背景に危険運転致死傷罪を新設する刑法改正案が国会で可決された。法定刑は致傷について10年以下の懲役、致死について1年以上の有期懲役（最高15年）とされた。
　刑法では故意犯たる「傷害の罪」の1類型として、故意の危険運転行為を基本犯とする一種の結果的加重犯と位置づけられ、犯罪は行為の態様により5種に区分された。
　「酩酊運転致死傷罪」はアルコールや薬物の影響により正常な運転が困難な状態で自動車を走行させるもの、「制御困難運転致死傷罪」は進行を制御することが困難な高速度で自動車を走行させるもの、「未熟運転致死傷罪」は進行を制御する技能を有しないで自動車を走行させるもの、「妨害運転致死傷罪」は人又は車の通行を妨害する目的で走行中の自動車の直前に進入し、その他通行中の人又は車に著しく接近し、かつ、重大な交通の危険を生じさせる速度で自動車を運転するもの、「信号無視運転致死傷罪」は赤色信号又はこれに相当する信号を殊更に無視し、かつ、重大な交通の危険を生じさせる速度で自動車を運転するものであった。

2　法運用の実情と改正経緯

　2005年1月に危険運転致死傷罪の法定刑が引き上げられ、致傷について15年以下の懲役、致死について1年以上の有期懲役（最高20年）とされた。また、当初は「四輪以上の自動車」によるものと限定されていたが、2007年6月の改正で、原動機付自転車や自動二輪車を運転して人を死傷させた場合にも同罪が成立することになった。

　この間、2006年には福岡県の海の中道大橋でひき逃げを伴う飲酒運転事故が発生し、飲酒運転やひき逃げの厳罰化を求める声が強まった。2011年4月には栃木県鹿沼市で児童6人が死亡したクレーン車事故で運転者がてんかんの持病を秘して運転免許を取得したとされ、これを受けて遺族らが危険運転罪の適用による厳罰化を求めて約17万人の署名を法務大臣に提出した。2012年4月には京都府亀岡市で無免許運転車両が集団登校の列に突っ込み、生徒と保護者が死傷する事件が発生した。

　2011年10月31日、最高裁判所第三小法廷は、海の中道大橋の飲酒運転事故に対して、「アルコールの影響による前方不注意により危険を的確に把握して対処できない状態も危険運転にあたる」という判断を示し、「アルコールの影響などにより正常な運転が困難な場合」の解釈について柔軟に判断することに道を開いた。

　しかし、この事件では、一審福岡地裁は危険運転罪の成立を否定していた。適用条件のハードルが高すぎるという批判を受け、法務省は、自動車運転過失致死傷罪と危険運転致死傷罪の中間罪を創設する構想を固め、2013年11月、「自動車の運転により人を死傷させる行為等の処罰に関する法律（自動車運転死傷処罰法）」を成立させた。日弁連などの諸団体が処罰範囲の不当な拡大や重罰化を指摘して立法化に反対する中で創設された新法制であった。

　危険運転致死傷罪の適用対象が拡大され、「過失運転致死傷アルコール等影響発覚免脱罪」（最高刑懲役12年）が新設され、さらに、無免許の場合にさらに重く処罰する規定も追加された。なお、同法の制定に伴い刑法の自動車運転過失致死傷罪は新設法の過失運転致死傷罪に組み替えられた。

　また、同法の適用対象となる病気については、統合失調症、低血糖症、躁鬱病、再発性失神、重度の睡眠障害、意識や運動の障害を伴うてんかんの6種とすることが政令で定められた。

3　関連法条と送致件数

　2018年7月現在の自動車運転死傷行為処罰法の法条は次のとおりである。また、各法条の法文末尾の数字は2017年の年間送致件数を示す（交通統計平成29年版）。

（定義）
第1条（略）

（危険運転致死傷）

第2条　次に掲げる行為を行い、よって、人を負傷させた者は15年以下の懲役に処し、人を死亡させた者は1年以上の有期懲役に処する。(360件)

　　一　アルコール又は薬物の影響により正常な運転が困難な状態で自動車を走行させる行為

　　二　その進行を制御することが困難な高速度で自動車を走行させる行為

　　三　その進行を制御する技能を有しないで自動車を走行させる行為

　　四　人又は車の通行を妨害する目的で、走行中の自動車の直前に進入し、その他通行中の人又は車に著しく接近し、かつ、重大な交通の危険を生じさせる速度で自動車を運転する行為

　　五　赤色信号又はこれに相当する信号を殊更に無視し、かつ、重大な交通の危険を生じさせる速度で自動車を運転する行為

　　六　通行禁止道路（道路標識若しくは道路標示により、又はその他法令の規定により自動車の通行が禁止されている道路又はその部分であって、これを通行することが人又は車に交通の危険を生じさせるものとして政令で定めるものをいう。）を進行し、かつ、重大な交通の危険を生じさせる速度で自動車を運転する行為

第3条　アルコール又は薬物の影響により、その走行中に正常な運転に支障が生じるおそれがある状態で、自動車を運転し、よって、そのアルコール又は薬物の影響により正常な運転が困難な状態に陥り、人を負傷させた者は12年以下の懲役に処し、人を死亡させた者は15年以下の懲役に処する。(257件)

2　自動車の運転に支障を及ぼすおそれがある病気として政令で定めるものの影響により、その走行中に正常な運転に支障が生じるおそれがある状態で、自動車を運転し、よって、その病気の影響により正常な運転が困難な状態に陥り、人を死傷させた者も、前項と同様とする。

（過失運転致死傷アルコール等影響発覚免脱）

第4条　アルコール又は薬物の影響によりその走行中に正常な運転に支障が生じるおそれがある状態で自動車を運転した者が、運転上必要な注意を怠り、よって人を死傷させた場合において、その運転の時のアルコール又は薬物の影響の有無又は程度が発覚することを免れる目的で、更にアルコール又は薬物を摂取すること、その場を離れて身体に保有するアルコール又は薬物の濃度を減少させることその他その影響の有無又は程度が発覚することを免れるべき行為をしたときは、12年以下の懲役に処する。(108件)

（過失運転致死傷）

第5条　自動車の運転上必要な注意を怠り、よって人を死傷させた者は、7年以下の懲役若しくは禁錮又は100万円以下の罰金に処する。ただし、その傷害が軽いときは、情状により、その刑を免除することができる。(446,318件)

（無免許運転による加重）

第6条　第2条（第三号を除く。）の罪を犯した者（人を負傷させた者に限る。）が、その罪を犯した時に無免許運転をしたものであるときは、6月以上の有期懲役に処する。

(48件)
2　第3条の罪を犯した者が、その罪を犯した時に無免許運転をしたものであるときは、人を負傷させた者は15年以下の懲役に処し、人を死亡させた者は6月以上の有期懲役に処する。（5件）
3　第4条の罪を犯した者が、その罪を犯した時に無免許運転をしたものであるときは、15年以下の懲役に処する。（5件）
4　前条の罪を犯した者が、その罪を犯した時に無免許運転をしたものであるときは、10年以下の懲役に処する。（1,181件）

4　危険運転致死傷罪の根本的な危険性

「厳罰世論」にせき立てられて成立した危険運転致死傷罪の根本的な問題は構成要件が極端に曖昧なことである。意義が一義的に確定し得ず犯罪の構成要件が明確でないことは、罪刑法定主義の基本にもとる。犯罪が成立するかしないかの区分が明確でなかったり、何をもって条件を充足したと言えるのかが判然としなければ、被告人を有罪と断じることは許されない。

「正常な運転が困難な状態」とはどういう状況か。「正常な運転に支障が生じるおそれがある状態」とはいかなる状態か。「進行を制御することが困難な高速度」とは。「進行を制御する技能を有しない」とはいかなる能力の欠如を指すのか。「殊更に無視する」とはどういう行動をとりもしくはとらないことをいうのか。「正常な運転に支障が生じるおそれがある状態で自動車を運転して、その病気の影響により正常な運転が困難な状態に陥る」とは具体的にはいかなる状態で運転し、いかなる状態に陥ることをいうのか。「発覚を免れる」という内心の意図はどのように証明されるのか。

形容句を重畳的、反復的に用い、曖昧極まる要件で構成される犯罪は本来的に刑法が予定する犯罪たり得ない。いかに一般受けしても、憲法31条に違反する疑いが払拭できない。危険運転致死傷に関する問題は結局この論点に集約される。憲法違反でないとすれば、かくかくしかじかの解釈運用をする以外にないという主張も必要になろう。なお、危険運転致死傷罪の本質的な問題点については、『危険運転致死傷罪の総合的研究　重罰化立法の検証』（交通法科学研究会、日本評論社2005年11月10日刊）において網羅的に分析されている。

危険運転致死傷事件は大きく報道されることが多いが、その割には報道に関わる人々の知識レベルが一般に低い。ひき逃げをしたら危険運転致死傷罪が成立するのではないかと聞いてきた新聞記者もいる。しかし、いい加減な論議が世の常識（？）として広がっていることは、裁判所が「理屈抜きに」危険運転致死傷罪の成立を認める傾向と無関係ではない。危険運転致死傷罪の登場当初から懸念されたところではあったが、弁護人たる者、人権感覚を無視した解釈がまかり通ることを看過してはいけない。以下、弁護人として着目・留意すべきと思われる中心的な論点を犯罪類型別に概観しておく。

5　アルコールの影響による危険運転致死傷

　アルコール、薬物、病気の影響により正常な運転が困難な状態で自動車を走行させる行為に係る危険運転致死傷罪を考える（アルコールに関わるのは2条一号と3条1項である。）。

　従前からのアルコール等の影響による危険運転致死傷罪以外に、そこまでに至らないものとして3条1項の危険運転致死傷罪が付け加わった。2条ほどの危険運転ではないが正常な運転に支障が生じるおそれがある状態になって人を死傷させた場合に適用され、法定刑は2条と5条の中間になる。ところで、道交法65条は酒気帯び運転を禁じ、同法117条の2は運転時にアルコールの影響により正常な運転ができないおそれがある状態にあった場合は5年以下の懲役又は100万円以下の罰金に処すると定めている。

　この3つの酒気帯びの酩酊度はどう区分されるのか。コメンタールなどには、酷い順に、「困難」＞「できないおそれ」＞「支障が生じるおそれ」になるなどと書かれている。問題はその境界をどう判定し区分けするのかである。「正常な運転が困難な状態」の意義について、平成23年10月31日最決は「アルコールの影響により道路交通の状況等に応じた運転操作を行うことが困難な心身の状態をいい、アルコールの影響により前方を注視してそこにある危険を的確に把握して対処することができない状態もこれに当たる」と言っている。一方、「できないおそれ」とは、「正常に運転するのに必要な注意力、中枢神経の活動力、抑制心等を欠くおそれがある状態」を言い、「支障が生じるおそれ」とは、「自動車を運転するのに必要な注意力、判断能力又は操作能力が、そうでないときの状態に比べて相当程度減退して危険性のある状態のほか、そのような危険性のある状態になり得る具体的なおそれがある状態を含む」などと説明される。しかし、これで「困難」と「できないおそれ」と「支障のおそれ」の区別をきちんとつけられる者はどれだけいるだろう。客観的な指標を示さない限り、何とでも言える言葉遊びに堕する。

　「正常な運転が困難な状態」と言えるには、「正常な運転に支障が生じるおそれがある状態」では足りず、「正常な運転ができないおそれがある状態」でもさらに足りない。現実に適切な運転操作を行うことが困難な状態になければならない。思うようにハンドルを操作できないとか意識がもうろうとしているというような運転の困難性を基礎づける客観的な事実が必須の前提になる。足が明らかにふらついているところを目撃されているとか他人から明らかに酩酊していると指摘され運転しないように注意されているというような状況はその認定を支える事情にはなろう。「正常な運転が困難な状態」を認定するには、呼気検査等の結果、酒酔い・酒気帯び鑑識カード記載の能力、言動等の鑑識結果、飲酒事実の裏付け、事故の態様や事故前後の運転状況、目撃者供述、本人の供述などの客観的な事実に基づいて判断することになる。

　なお、「正常な運転が困難な状態」と当該事故の発生の間に因果関係を要することは言うまでもない。「正常な運転が困難な状態」にあったがゆえにその結果が生じたと言えなければならないのである。

6　薬物の影響による危険運転致死傷

　危険ドラッグ等の薬物に関わるのもアルコールと同じく2条一号と3条1項である。薬物の影響により正常な運転が困難な状態で自動車を走行させ、よって人を負傷させた者は2条一号により15年以下の懲役に処せられ、死亡させた者は1年以上の有期懲役に処せられる。一方、正常な運転に支障が生じるおそれのある状態で自動車を運転し、よってその薬物の影響により正常な運転が困難な状態に陥り、人を負傷させた者は3条1項により12年以下の懲役に処し、死亡させた者は15年以下の懲役に処するとされる。ところで、道交法66条は薬物の影響により正常な運転ができないおそれがある状態にあった場合は、同法117条の2、三号（麻薬や覚せい剤の場合）により5年以下の懲役又は100万円以下の罰金、もしくは同法117条の2の2、七号（その他の薬物の場合）により3年以下の懲役又は50万円以下の罰金に処するとされる。
　この場合にも、アルコールの影響による場合と同じように区分され、論点も同じことになる。

7　病気の影響による危険運転致死傷

　自動車の運転に支障を及ぼすおそれのある病気として政令で定めるものの影響により、その走行中に正常な運転に支障が生じるおそれがある状態で自動車を運転し、よってその病気の影響により正常な運転が困難な状態に陥り人を負傷させた者は12年以下の懲役、人を死亡させた者は15年以下の懲役に処する、とする（第3条2項）。これを受けて、自動車運転死傷処罰法施行令は、次に掲げるものを「病気」とする（第3条）。
① 自動車の安全な運転に必要な認知、予測、判断又は操作のいずれかに係る能力を欠くこととなるおそれがある症状を呈する統合失調症。
② 意識障害又は運動障害をもたらす発作が再発するおそれがあるてんかん（発作が睡眠中に限り再発するものを除く。）
③ 再発性の失神（脳全体の虚血により一過性の意識障害をもたらす病気であって、発作が再発するおそれがあるものをいう。）
④ 自動車の安全な運転に必要な認知、予測、判断又は操作のいずれかに係る能力を欠くこととなるおそれがある症状を呈する低血糖症
⑤ 自動車の安全な運転に必要な認知、予測、判断又は操作のいずれかに係る能力を欠くこととなるおそれがある症状を呈するそう鬱病（そう病及び鬱病を含む。）
⑥ 重度の眠気の症状を呈する睡眠障害

　先にも紹介したように、日弁連は自動車運転死傷処罰法の新設自体に反対し、病気の影響による危険運転致死傷罪の法制化には、日本てんかん学会や日本精神神経学会などの関係医学会のほか多くの患者支援団体が強く反対した。反対論の根拠は構成要件の極端な曖昧さ、処罰範囲の不当な拡大、疾病への偏見の助長、障害者の社会参加促進への妨害など

であった。

①について言えば、「安全な運転に必要な認知、予測、判断又は操作に係る能力」の意義、「能力を欠くこととなるおそれがある症状」の意義、「症状を呈する」の意義がいずれも判然としない。

②について言えば、「意識障害又は運動障害をもたらす発作が再発するおそれがある」の意義が判然としない。

③について言えば、「脳全体の虚血により一過性の意識障害をもたらす病気」の意義、「発作が再発するおそれがある」の意義がいずれも判然としない。

④⑤についても、①と同様の不明確さが指摘できる。

⑥について言えば、「重度の眠気」の意義が判然としない。軽重の区分は何をもってつけるのか。睡眠時無呼吸症候群との異同もはっきりしない。

多く議論になるてんかんを中心に、要点に触れておく。「意識障害又は運動障害をもたらす発作が再発するおそれがあるてんかん」なのか、「その影響により正常な運転に支障が生じるおそれがある状態で運転していた」のか、「事故時にてんかんの発作により正常な運転が困難な状態に陥っていた」のかについて医学的に厳密に検討する必要があり、強直間代発作などてんかん特有の症状の有無を中心に、当該運転者のカルテや診断結果、処方薬の種類や量、服用の実情、自身の病識、発作時の状況、発作認識の実情を詳細に把握する必要がある。弁護方針を確定し実践する上で主治医、専門医と密接に連携するほか、患者の社会参加を支援する団体等とつながりを重視したい。

運転免許の欠格事由の1つとしてあげられる低血糖症は「無自覚性の低血糖症（人為的に血糖を調節することができるものを除く。）」とされ、危険運転致死傷罪でいう低血糖症とは違いがある。平成24年3月21日横浜地裁判決は、低血糖により「分別もうろう状態」に陥っていたことから、救護義務違反については故意がなく、報告義務違反については責任能力がなかったとして無罪としている。

平成17年2月9日大阪地裁判決、平成25年10月8日千葉地裁判決など、睡眠時無呼吸症候群を理由に無罪が言い渡された判決例は少なくない。当該運転者が自身睡眠時無呼吸症候群に罹患していることを認識していない場合が多く、罹患の事実を認識していても十分な睡眠を取っている場合には、「正常な運転に支障が生じるおそれがある状態」の認識がないことがある。

なお、認知症などは政令の定める症状に上げられていないから、その影響による危険運転致死傷罪は成立しない。

8　制御が困難な高速度走行による危険運転致死傷

進行を制御することが困難な高速度で自動車を走行させることによって人を負傷させた者は15年以下の懲役に処し、人を死亡させた者は1年以上の有期懲役に処する、とする（第2条二号）。

当該道路の線形、道路の幅員、路面の状況、道路の斜度などの条件によっても、また車

両の性能や構造の違いによっても進行制御の可能性が変わってくる。「進行を制御することが困難な高速度」は速度だけで決まるものではない。

　その速度では道路の曲率に合わせて走行することができない（膨らんでしまう）場合がある。一般に曲進性能とか限界旋回速度などの概念で説明される。車両が当該車両の旋回性能の限界を超える高速度で走行すると走行道路に沿って走行することができなくなり道路からはみ出す。ハンドルやブレーキの操作で対応できないために、進行を制御することが「困難な場合」というよりも「不可能な場合」に当たる。

　制御困難な高速度により発生する危険運転致死傷というのは、一般には、曲進性能の限界内ではあっても限界に近いために僅かなブレーキ操作やハンドル操作のミスで路外逸脱を生じてしまう場合が多いことになろう。なお、当然のこととして、危険運転と死傷の結果の間には因果関係が必要である。

　その速度が旋回性能の限界を超えていたとか限界に近かったということを踏まえて犯罪の正否を判断するのであるから、当該事故発生時における当該車両の走行速度が重要な判断事項になる。運転者の感覚や目撃者の印象で車両走行速度を判断してはならない。ドライブレコーダーの記録など信頼できる客観的なデータや科学的な速度分析が必要になる。公訴事実のいう走行速度より低い速度で走行していたとされ本罪の成立が否定された事例がある（平成20年1月17日松山地裁判決）。

　また、当該事故時と天候・時刻・交通量等が類似する条件下で当該道路を走行する車両の一般的な走行速度を調査することにより、当該車両が異常な高速走行をしていたかどうかを判断することも重要である。当該車両が10台に1台程度現れる程度の速度で走行していたのか、100台に1台しか出現しないほどの高速走行をしていたのかが推定でき、当該車両の走行の異常性の程度を推定することも可能になる。

　直線状の道路の高低差がある部分（隆起部分）などで高速走行を敢行し着地時にスピンして暴走事故を起こしたときにも制御が困難な高速走行とされるだろうか。極めて短時間の高速走行は本罪が予定するものではないように思われ、これを認める判例（平成22年9月28日東京高裁判決など）には疑問が残る。

　車両が交差点を右左折する場合やいわゆるドリフト走行などをする場合にも本罪を適用する余地があるとする見解がある。しかし、本罪が「高速度走行」による危険の作出を要件としていることを考えれば、その解釈を認めることができる事案は極めて少ないと思われる。

9　運転技能を有しないで走行することによる危険運転致死傷

　進行を制御する技能を有しないで自動車を走行させることによって人を負傷させた者は15年以下の懲役に処し、人を死亡させた者は1年以上の有期懲役に処する、とする（第2条三号）。

　この規定による処罰例はほとんど知られていない。そもそも「進行を制御する技能を有しない」とはどういうことか。卓越した運転技能を有する無免許ドライバーもいない訳で

はないから、運転免許を持たないことは運転技能を有しないことを意味しない。「注意してもその事故の発生は回避し得なかった。運転技能を持たないことが当該事故の真因だ」というケースは実際には極めて考えにくい。自動車が走り出すには、エンジン始動、制動解除、クラッチ操作、ギアシフト調整、アクセル踏み込みなどの多数の手順を必要とする。この法条は、そこまでの車両操作技能は有するが、それから先の進行制御技能は有しないということを想定している。処罰強化世論を背景に机上の発想で新犯罪を創案したものの、適用事例がほとんどない状況に陥っている。

運転技能が極めて低いということと安全確保の懈怠の程度が極めて大きいということは実際にはほとんど違いがない。現場では、当該運転者の不注意の程度（責任の程度）を一般の事案より大きく評価することにより、当罰程度の妥当性を確保しているのだろう。

10　妨害行為等による危険運転致死傷

人又は車の通行を妨害する目的で、走行中の自動車の直前に進入し、その他通行中の人又は車に著しく接近し、かつ重大な交通の危険を生じさせる速度で自動車を運転する行為によって人を負傷させた者は15年以下の懲役に処し、人を死亡させた者は1年以上の有期懲役に処する、とする（第2条四号）。

近年、「あおり運転」が社会問題になり、警察庁が全国の都道府県警察に取締りの強化を求める通達を出すなどしており（「いわゆる『あおり運転』等の悪質・危険な運転に対する厳正な対処について（通達）」2018年1月16日付け警察庁丁交指発第2号等）、異例の警察対応が世間の注目を集めている。

「妨害目的」を要し、「直前進入」や「著しく接近（＝幅寄せや追い上げ）」などの行為があることと「重大な交通の危険を生じさせる速度」を出していることを要する。

妨害目的の認識が必要である。その認識を基礎付ける客観的な事実が認定できるかが鍵になる。「重大な交通の危険を生じさせる速度」とは、交通事故が発生するおそれを一般に感じさせる速度であれば足りるとされているが、「重大な交通の危険を生じさせる」ことを要件としているのであるから、あまりに低い速度であれば条件を満たさないというべきであろう。最高裁は時速約20キロメートル程度の速度でもこの要件を満たす場合があるとするが（平成18年3月14日決定）、そのような場合は他の判断要素によほど注目される重大な危険事実があることを要しよう。

「直前進入」の「直前」も「著しく接近」の「著しく」も、一般に強い圧迫感や恐怖感を生じさせるか否かで判断されるが、当事者の圧迫感や恐怖感が客観的に証明されない場合が多く（「車と車の間隔は10センチしか離れていなかった」などと言われる事例でも、車間距離が本当に10センチメートル程度であったと言えるか疑問が生じることが少なくない。目撃者の証言などだけで判定することには慎重でなければならないだろう。

斟酌すべき事項としては、きっかけになったと考えられる行動、対象車両との速度関係、車種の実情、警音器吹鳴やパッシングの状況、相互の距離関係、時間関係、道路状況（車線数、幅員、線形、規制速度）、交通流の実情等が挙げられる。

最近注目されている事例では、高速道路や自動車専用道路における追い上げや直前進入が多いが、一般道と異なりその種の道路では車両相互の関係が長時間、長距離にわたることが少なくないので、弁護人として着目すべき事項は多い。関係車両自身や近隣走行車両の運転者の証言やドライブレコーダー記録があれば判定の有効な資料になる。

神奈川県で2017年6月に起きた東名高速道路の夫婦死亡事故で、危険運転致死傷などで起訴された被告人に対し、横浜地裁は18年12月14日、あおり運転が事故の原因だとして有罪を認定、懲役18年を言い渡した。個別の事件に関するコメントになるが、妨害行為等の事案に関する司法判断の歴史を画するものと思われる事例なので、触れておく。

事案は、一家4人が乗るワゴン車の前に割り込み、減速して接近させる妨害を4度繰り返した末、追い越し車線でワゴン車を停車させて車外で父親に暴行を加えた後、それぞれが自車に戻ろうとしていた時に、追い越し車線を走行してきた大型トラックがワゴン車に激突し、車の内外にいた一家4人が死傷したというものであった。

被告人の行為について、検察は「著しく接近させて自車を停止したことにより大型トラックに死傷の結果を生じさせた」と主張し、弁護側は「停車後に事故が発生した本件には危険運転致死傷罪は適用できない」と主張した。

裁判所は、「重大な危険を生じさせる速度で運転する行為」という危険運転の要件について、停車も運転に含まれると解釈する検察の主張を退けた一方、「停車と父親に対する暴行が一貫した意思の下に行われていた」として、妨害と密接に関連する行為があったと判断し、夜間の交通量の多い高速道路の追い越し車線であり、追突事故が起きる危険性が極めて高かったと指摘して、「妨害により生じた事故の危険性が現実化した」ものと認定した（被告人は控訴し、現在東京高裁に係属審理中。）。

本件では、神奈川県警察は被告人と大型トラックの運転者の双方を過失運転致死傷で送致したところ、検察は一転、被告人を危険運転罪で起訴する一方、大型トラックの運転者を不起訴にしていた。

公判前整理の中で監禁致死傷の予備的訴因の追加を求めていた（危険運転罪の不成立を示唆していた）裁判所は、危険運転致死傷の成立に一貫して消極的な姿勢をとっていたと推定されるが、法廷がメディアを先頭に凶悪あおり犯人論の洪水に包囲される中で、裁判員裁判の結論は先のようなものになり、識者の中には検察は「裁判員裁判に賭けた」のではないかと指摘する者も出た。危険運転致死事件は裁判員裁判の対象事件である。

停車行為も運転行為に含まれるという検察の主張にはいかにも無理があるが、停車と父親に対する暴行が一貫した意思の下に行われていると判断されれば妨害による事故の危険性が現実化すると考えて危険運転罪の成立を認めてよいことになるという解釈にも極端な拡大解釈がある。危険運転致死傷罪の解釈が無際限に拡大する危険を感じさせる司法判断であり、この事件に関する今後の裁判所の判断が注目される。

11　殊更赤色信号無視による危険運転致死傷

赤色信号又はこれに相当する信号を殊更に無視し、かつ重大な交通の危険を生じさせる

速度で自動車を運転する行為を行い、人を負傷させた者は15年以下の懲役に処し、人を死亡させた者は１年以上の有期懲役に処する、とする（第２条五号）。

　広辞苑によれば、殊更とは、わざわざ、わざと、故意にすることをいうとされる。「無視」とは存在を確認しながらなきものと見なすことを言うのであるから、それは本来的に「故意」の範疇にある概念である（うっかりして見落とすのは「看過」である。）とすると、「無視」と「殊更無視」はどう違うのか。

　ここでいう「殊更」は未必的な故意を除外する趣旨だとする見解がある。「黄」から「赤」への変わり際とか、もしかしたら「赤」かも知れないというような場合を除き、当該信号が確実に「赤」を表示していると認識しつつこれを無視するのを「殊更無視」と言うのである。しかし、それはいかにも不合理な解釈である。

　道交法は、「道路を通行する歩行者又は車両等は、信号機の表示する信号…に従わなければならない」（７条）、「信号機の表示する信号の意味その他信号機について必要な事項は、政令で定める」（４条４項）と定め、道交法施行令は、「法第４条第４項に規定する信号機の表示する信号の種類及び意味は、次の表に掲げるとおり」とし、そのうちの信号の種類に関し、赤色の信号については、同条（２条１項）の表における「赤色の灯火」の区分に対応する信号の意味の欄で、「車両等は、停止位置を超えて進行してはならない」とする。故意による道交法７条違反については、３月以下の懲役又は５万円以下の罰金が科され（道交法119条１項一号の二）、過失による同条違反については、10万円以下の罰金が科される（道交法119条２項）。

　道交法令は、「赤」の指示に従わないことについて、故意による場合は相対的に重い刑罰で、過失による場合は相対的に軽い刑罰をもって臨んでいる。道交法には「赤」は未必認識のものに限るなどという規定はない。実際、信号無視の処罰がもっぱら道交法令によって行われていた時期には、確定的に「赤」と認識しつつ交差点に進入した車両等運転者は道交法を根拠に信号無視の故意犯として処罰されていた。本法条の登場に伴い道交法の「赤」を「確定赤」から「未必赤」に変更する改正が行われたこともない。「赤」信号を無視した運転者を道交法違反として３月以下の懲役又は５万円以下の罰金に処すルールは過去も現在も変わらず存在する。

　「殊更」という曖昧極まる形容句を登場させたことを合理化しようとして登場させた「確定赤」・「未必赤」区分論は、道交法令の解釈に大きな混乱を生じさせている。混乱はそれだけではない。「殊更赤無視」の典型例として当初よく挙げられていたものに、「赤色信号を確定的に認識し、交差点手前で停止することが十分可能なのに、信号を無視して交差点内に進入する行為」があった。これに対し、では交差点手前で停止できない場合は「赤無視」をしても「殊更赤無視」にはならないのかという疑問が提起された。当局の説明は、多くの場合交差点手前で停止することが可能だと言ったに過ぎず、停止が可能であろうが不可能であろうが「殊更無視」は成立するという訳のわからないものになった。

　訳がわからないと言えば、「殊更赤無視」の典型例として当局が登場させた事例に「信号規制をまったく無視し、およそ赤信号であろうとなかろうと、最初から信号表示を一切意に介することなく、赤色信号の規制に違反して交差点に進入する行為」というものがあ

る（法曹時報54巻4号33頁）。「まったく無視する」というのは「単に無視する」のとどう違うのか。「およそ赤信号であろうとなかろうと」とはどういうことか。「最初から」とはどういうことか。「信号表示を一切意に介しない」というのは「信号表示を意に介さない」とはどう違うのか。信号の色を認識しつつ無視する普通の（？）信号無視と切り分けて修飾語句満載の運転行動を処罰する法律の必要性や規定ぶりについていったいどれだけ検討したのだろうか。

　交差点に進入する直前に、対面信号機が赤色を表示していることを認識し、急ブレーキをかけるよりも走り抜ける方が安全だと考えて交差点内に進入した場合において、赤色信号を「殊更に無視した」とは言えないとされた事例に平成28年11月7日千葉地裁判決（確定）がある（判タ1436号243頁）。

　このほか、「重大な交通の危険を生じさせる速度」に関しても、「交差点内からの発進」に関しても、「交通事故の発生場所」に関しても問題があるように思う。危険運転致死傷罪の中でも「殊更赤色信号無視」にはとりわけ基本的な疑問が凝縮していると言えよう。

12　通行禁止道路の進行による危険運転致死傷

　通行禁止道路を進行し、かつ重大な交通の危険を生じさせる速度で自動車を運転する行為を行い、人を負傷させた者は15年以下の懲役に処し、人を死亡させた者は1年以上の有期懲役に処する、とする（第2条六号）。自動車運転死傷行為処罰法の成立に際して新たに設けられたもので、同法施行令2条において以下の道路等がその対象とされている。
　　ア　車両通行止め道路、自動車・歩行者専用道路
　　イ　一方通行道路
　　ウ　高速道路・自動車専用道路の中央から右側部分
　　エ　安全地帯及び道路の立入禁止部分

　いずれも規制の存在を認識していることが要件になる。

第7章
豊かで確かな情状弁護を

1 情状弁護の基本的な考え方

　(1)　平成28年の司法統計年報（2刑事編）によれば、全地・簡裁の通常第一審事件終局総人員は59,103人、うち自白した者が52,563人、一部否認を含め否認した者が5,373人とされている（なお、自動車運転死傷処罰法違反は地・簡裁あわせて5,585人である）。自白事件は終局総人員の9割を超える。刑事裁判の審理の中心は情状であり、多くの弁護人が関心を寄せるのは情状主張の工夫である。

　(2)　「深く反省している」とか「犯行を繰り返さないと決意している」という弁明は、一般の刑事事件の情状弁護にもっとも多く登場し、およそ評価されていない弁護人言語である。当たり前だと思われては相手の心はつかめない。裁判所が心を動かさない姿勢にも問題はあるが、合理的な根拠を伴わなければ言っても意味がない。交通事故事件の情状弁護も問題は同じである。

　(3)　多くの弁護人は被告人の善き情状を訴えようと腐心するが、刑の執行が猶予されたり刑が軽くなるべき合理的理由が開陳できなければ仕方がない。ひたすら言葉を並べるだけの弁論が多過ぎるのではないか。

　刑事事件一般で言えば、罪体に関する善き情状や被害弁償の見通しや再犯防止の環境調整などが多く論じられることになるが、交通事故事件について言えば、再犯可能性は一般犯罪に比べて明らかに低いということもあり、罪体に関する情状も一般犯罪とは異なる着目点が少なからず登場する。

　(4)　交通事故事件はほとんどが過失犯罪である。結果は故意犯と同じ「人の死傷」であっても、その結果を不注意によって発生させたときの責任を考えなければいけない。昨今、過失責任の世界でも法益侵害の結果を重視する（過失に基づく責任を故意に基づく責任に近づけて考える）傾向が強まっているが、罪種による責任判断の基本的な区分としてこのことを曖昧にしてはならない。ゆがんだ社会風潮に追従する傾向を見せる裁判所の姿勢は問題である。

(5)　第1次交通戦争と言われた1970年当時には、交通事故の死者数は1万6000人を超えていたが、2016年には4000人を割り込むまで減少した。負傷者数も98万人台から61万人台に減った。車両保有台数も運転免許の保有者数も3倍を超える中での実績である。思えばこの国は半世紀にわたってさまざまな角度から交通事故・交通被害を減らす取組みを進めてきた。70年代には、交通安全施設の整備（Engineering）、交通安全教育の推進（Education）、交通取締りの強化（Enforcement）の3E政策が強調された。それは交通事故の発生要因を解明し、その因子を一つずつ潰してゆくことによって安全を実現しようとする取組みであった。

　(6)　この政策は、交通事故を起こした当該運転者の責任の程度を考察する上でも重要な着目点を提供するものであった。当該事故では何が要因になってその結果が発生したのかを究明し、要因分析を通じて当該運転者の運転行動の問題点の重みを解明するというアプローチの仕方がそこにあった。「被告人は」で始まる公訴事実は、その内容自体に間違いがないことになったとしても、それは当該交通事故発生の「引き金を引いた」運転者の行動を指摘するものに過ぎず、現実に発生した事故をめぐる「全状況」を説明するものではないということである。

2　具体的な事件を通して考える

　(1)　全状況とは、当該事故を発生させた原因事実として推認される合理的な範囲のすべての事象である。具体的な事件を素材に考えよう。

　現場は東西に伸びる片側1車線の直線道路（県道）と北方にやや下り坂で延びる道路（町道）が交差する丁字路交差点である。県道を東進してきた自動二輪車と南進して交差点を左折東進しようとしていた乗用車が衝突し、自動二輪車の運転者が死亡した。晩秋の暮れ、辺りはもう暗く両車両とも前照灯を点灯していた。

　丁字路交差点には県道方向に信号機が設けられ、歩行者用信号機付きの横断歩道も設けられていたが、町道側は一時停止の標識、一時停止線、「とまれ」の路面標示があっただけで信号機は設けられていなかった。道交法のいう「交通整理」は、「信号機の表示等により交互に一方の交通を止め、他方の交通を通す方式による交通整理」を言う。この交差点は「信号機により交通整理が行われている交差点」ではなかった。

　(2)　現場は乗用車運転者の自宅から歩いて数分の所で、運転者には通り慣れた交差点であった。運転者は斜度2度の坂道をゆっくり進んで交差点手前の「止まれ」の標識・標示に従い一時停止線で止まった。次に県道左右方向の確認が可能なところまで自車を進めて再び停止し、右方から交差点に接近走行してくる車両等の有無を確認した。運転者は左方対向車線を西進してこの交差点で右折して町道に入ってくる車両の有無も確認した（この町道は近くを走る幹線道路のバイパス道路として利用する車両が多かった）。左方右方とも特に危険を感じなかった運転者は、左折進行しようとアクセルペダルをゆっくり踏み込みながらハンドルを左に切った。

　しかし、実際にはそこに県道を東進してきた自動二輪車があった。乗用車運転者が自動

第7章　豊かで確かな情状弁護を

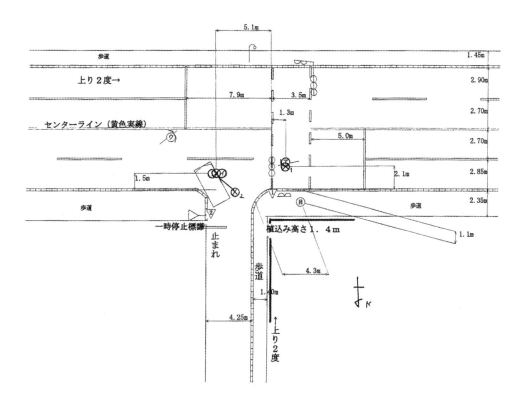

二輪車を発見した時の両者の距離は13.5メートルほど。急制動をかけたのであろう、自動二輪車は乗用車の手前で転倒し、運転者は乗用車の右側面に突っ込み、自動二輪車は乗用車の先方に滑走した。

(3)　乗用車運転者は、右方を確認していたのにどうして自動二輪車を見落としたのだろうという思いでいた。運転者の注意義務とその懈怠について、公訴事実には、「右方道路から進行してくる車両の有無及びその安全を確認しながら発進して左折進行すべき自動車運転上の注意義務があるのにこれを怠り」と記された。乗用車運転者の責任をどのように考えるべきか。運転者の右方確認が不十分であったことが事故発生の要因のすべてになるのか。

(4)　交差点の町道側手前左側（東側）は無蓋の駐車場で、右側（西側）は水道局の敷地が広がり交差点の角部辺は町道側から県道側にかけて高さ1.4メートルの植え込みが続いていた。この植え込みは事故発生の直後に役所によって刈り込まれた。また、事故からいくらも経ない時期に町役場は一時停止線部分に発光性道路鋲を設置した。

「信号機による交通整理が行われていない交差点」を利用する車両運転者が求められる安全確認の内容は独特のものである。町道から交差点に入る車両には信号規制がないから、進入の可否を決する基準は県道を進行してくる車両との安全が確保できているか否かだけである（県道方向の信号が「青」を表示していても、接近してくる車両がなければ交差点に進入してよい）。一方、県道を進行してくる車両運転者には、対面信号の表示に従う道交法上の義務があるほか、対面信号が「青」を表示していても町道側から車両が交差点に

89

進入してくる可能性があること（進入してきても信号無視にはならないこと）を意識し、進入車両との安全に留意しつつ交差点に向かうことが求められる。

　ルールは単純をもってよしとする。「信号機による交通整理が行われていない交差点」において、同交差点を利用する者が求められる危険回避のルールはわかりにくく、その行動決定のプロセスを複雑化させる。

　(5)　本件交差点周辺の交通安全施設や交通安全対策の実情と問題点には、容易に気付くことだけでもいくつもの事実があった。本件交差点が信号機による交通整理が行われている通常の交差点であれば、町道から進入しようとする乗用車運転者は対面信号が「青」に変わるのを待つことになり、直進する自動二輪車はその間に何の問題もなく東方に進行していったと推測される。本件町道がバイパスとして利用されることの多い道路部分であることを知っているはずの県公安委員会の責任は重い。道交法4条3項は、「公安委員会は、交通の頻繁な交差点その他交通の危険を防止するために必要と認められる場所には、信号機を設置するように努めなければならない」と規定している。

　交差点右方（西側）の植え込みが事故直後に水道局関係者によって刈り込まれたことも重要な事実である。機敏な対応行動が取られたことは、この交差点辺の視認に困難があることや植え込みの伐採が危険防止に有効であることを水道局関係者が知悉していたことを推測させる。水道局関係者は、本件交差点が「信号機による交通整理が行われていない交差点」であることも当然知悉しており、この町道が交通量の多い道路部分であることもよく知っていたはずである。

　町役場が発光式道路鋲を設けたことは、町道を上ってくる車両を交差点手前の一時停止線で確実に停止させ、交差方向の交通との安全確認を徹底させようとしたものと考えられる。その町は、県公安委員会に対して、この交差点を信号機の設けられた交差点にするようどれだけ働きかけていたか。また、水道局に対して、その実現までの暫定措置として植え込みの刈り込みを実行するよう求めていたか。

3　情状事実を把握する上での留意点

　右方確認が足りなかったことを責められ、またそのことを自省して自身を責めている乗用車運転者は自ら進んでこのような主張に及ぶことができない。気付いていない場合もあり、気付いていても言うのを憚っている場合もある。論及すれば自身の責任逃れの弁と非難されると思っていることが極めて多い。被告人がこの種の主張をすると、検察官はもちろん時には裁判官も色をなして「被告人には反省心が欠落している」ととがめたりする。弁護人がこれらの主張を引き受ける必要がある。

　情状主張を把握し主張にまとめるのは弁護人の職責である。当然のことながら立証が必要である。実証性がない弁論は単なる弁舌、言っているだけと聞き流される。立証が伴えば注意を向けてくる（ことが多い）。話がそれるが、「反省」にも内容のある立証があれば着目する裁判官はいる。情状は被告人の供述や家族の証言だけというのは貧弱に過ぎよう。

　過失は最後の引き金（トリガー）をもって把握すると言われる。コップに少しずつ水

（要因）を差して行き、コップから溢れた最後の差し水（要因）が「刑責を問われる過失」になる。結果に直接影響を与えていない事実は刑責が問われないというのである。だが、被告人の情状を論じる際には話は別である。コップに入れた差し水の総量を可能な限り正確に論じ、また合理的に推認し、被告人の不注意という差し水の水量を確定することが罪体に関する情状主張の骨格をなす。

上記の引用例を用い、ほとんどの検察官は（実は多くの裁判官も）、「『信号機による交通整理がなされていない交差点』であること」を知り、「県道西側の見通しが悪い交差点であること」を知り、「一時停止線では停止しなければならないこと」を認識している被告人として、交差道路方向（県道西側）への注意を払う義務があったと言う。すべての責任を引き金（トリガー）の行為に収斂させて考えがちである。しかし、被告人の不注意以外の事実をすべて「所与の前提」と考えるのは情状の捉え方を完全に誤るものと言わねばならない。

4　厳罰化の傾向と情状問題

危険運転致死傷罪が登場した直後の時期に、リベラル派と言われていた元判事が「重罰化がすすんでいるとは必ずしも思わない」と言っているのを知り、裁判官というのは所詮このようにしか問題を考えられない人たちかと衝撃を受けたことを思い起こす（座談会「どんな情状が量刑に影響するのか」現代人文社2002年夏号『季刊刑事弁護』）。

今世紀に入って交通事犯を先頭に厳罰化の嵐が吹き荒れている。2004年の刑法改正により致傷罪の法定刑上限が15年に、致死罪の法定刑上限が20年に引き上げられて危険運転致死傷罪の量刑傾向はさらに重くなり、交通事故事件の重罰化傾向に拍車がかかった。内田博文九州大学大学院法学研究院教授（当時）は、危険運転致死傷罪の登場を契機に、交通事故や道交法違反などの道路交通犯罪を「被害者」の立場で論じることが多くなったと指摘した（「道路交通政策の展開と危険運転致死傷罪」日本評論社2005年11月刊『危険運転致死傷罪の総合的研究』）。

原田國男東京高裁判事（当時）は、死亡1名の危険運転致死罪の標準科刑が懲役4年前後になっており、従来悪質な業務上過失致死事例の科刑相場が懲役2年程度であったことからすると、量刑相場は2倍程度になったと見られると指摘し、2002年3月に開催された全国交通担当検事の会議でもおおむね同旨の報告がなされたことを紹介している（『量刑判断の実際』立花書房2008年11月刊）。

科刑の厳罰化は被害者らの厳罰化要請行動を契機としており、刑事実体法や刑事手続法を被害者の立場で考えることが多くなったことは疑いない。厳罰主義のさらに重大な問題は、被害者の批判や要求を加害運転者以外の者に向けさせなくすることである。被害者が加害者に強い非難感情を持つことはあり得ることであり、ない方がおかしいとさえ言える。問題は、その非難の対象は当該結果を発生させた者の全体でなければならないのに、厳罰主義はそのようには言わず、そのように考えさせないように非難対象を絞り込む役割を果たすのである。

上述のケースで言えば、信号機を設置しなかった公安委員会や、植え込みを伐採しなかった水道局や、一時停止の注意喚起を徹底しなかった町などに関心を向けさせず、非難をもっぱら乗用車運転者だけに向け、運転者にのみ極めて重い責任を負わせようとする。厳罰主義の大きな問題点は、交通事故事件の発生を構造的に把握して責任を科学的に論じることを拒むことにある。

厳罰主義の問題点は「被害者参加制度」とも結びついている。被害者参加制度は刑事訴訟に犯罪被害者やその受託弁護士が参加するもので、裁判員制度発足（2009年）に合わせて2008年に導入された。一定の重大な事件について、被害者参加人は公判期日等に出席し、証人尋問や被告人質問をすることができ、論告が行える。被告人が無罪を争っているケースでも被害者として参加することができる。

この制度は刑事裁判の基本思想に抵触・背馳する。日弁連も事実認定や量刑判断に予断を与えることを理由に一貫して反対しており、実際、この制度を批判する被害者運動もある。参加した被害者は被告人の責任を厳しく問うのが普通であり、厳罰主義の方向性を法廷の場で現実化する役割を担っている。実際に訴訟に参加する被害者は極めて少ないが（そしてそのことは被害者参加制度のもくろみが功を奏さなかったことを示しているが）、交通事故事件について言えば、事故の結果に責任を負う車両運転者以外の当事者を司法の場で論じる機会を極少化させる効果をもたらしている。実際、無罪を争う事件の弁護人は、審理が行われる法廷の深刻な模様を報告している（第3編「事例研究」第1章参照。）。

5 交通事故発生の要因

一般に交通事故の要因としてどのようなことが考えられるのかを検討しよう。陰に隠れることが多い重大な要因として特に注意すべきものに「交通安全施設や交通安全管理の問題点」がある。引用事例もその一つであった。

信号機の設置管理の懈怠、道路標識や道路標示の設置管理の懈怠、ガードレール等の安全施設等の設置管理の懈怠、道路落下物の排除や損傷路面の修復等の管理不全、高速道路等の安全施設の管理不全や中央分離帯欠損等々、枚挙に暇がないほど事例を挙げることができる。独自に法違反の刑責が問われてもよいと思われるのに、責任が問われないままにされているケースがいかに多いことか。

特に注意すべきことは、少なくないケースで警察が当事者性を持つという事実である。警察が安全確保のために確かな方策を講じていたならこの結果は発生しなかった（また、警察として他の関係公共機関等に実効的な安全確保策を実施するよう働きかけていたならばこの結果は発生しなかった）と考えられるのに、警察はそれらの方策を講じなかったばかりか、自身の責任を棚に上げ、その結果（またはその結果も影響して）事故を起こした車両運転者の責任をもっぱら追及している。

神奈川県警察本部は、警察庁の全国県警に対する通達に従わず、時差式信号機にその旨の表示を掲げていなかった（従わなかったのは同県警だけであった）。その神奈川県警が管理していた時差式交差点で右直事故が発生し、直進していた自動二輪車の運転者が死亡

した。これは単なる情状事由の問題ではなく、右折車両運転者の刑事責任を否定する理由になり得る事実であった。実際、一審判決（横浜地裁横須賀支部平成11年3月30日）は右折車両運転者に無罪を言い渡した。しかし、検察は控訴し、高裁・最高裁とも乗用車の運転者の刑事責任を認めた。実刑判決ではなかったが、上訴審の対応は遺憾極まるものであった。一方、県警は自身の正当性を言い募るように、この裁判が確定するまで数年間にわたって当該交差点の信号機に時差式の表示をしない状態を続けた。

国道2号線のトンネルの出口付近の隧道内に落下していた燃料補助タンクに乗り上げて対向車線に暴走し、対向走行してきた大型トラックと正面衝突して自車乗員3人を死亡させ、自身を含む乗員2人が負傷した。広島県警は乗用車の運転者を業務上過失致死傷の罪名で送検し、検察はその罪名で起訴した。落下物の発見と衝突回避の可能性が争点になったが広島地・高裁は有罪判決を言い渡し、被告人の上告を受けた最高裁は原判決を破棄して差し戻した。差戻審の広島高裁が事前発見は困難と認定（昭和57年2月25日）。無罪が確定したのは事件発生から11年後のことであった。

この事故の発生に警察や国土交通省（当時の運輸省）は責任がなかったのか。乗用車運転者はその後国の責任を問う国家賠償訴訟を提起したが裁判所はこれを受け入れず、司法の行政寄り姿勢を実証した。ともあれ「交通安全施設や交通安全管理の問題点」は、無罪主張に進む可能性をはらむ論点であり、そこまで行かなくても多くの場合に極めて重要な情状事実になると心得てよいものである。

「あっと思ったときは相手を跳ねていた」という車両運転者が少なくない。特に考えなければ前方不注視の結論に行き着く。なぜ相手方を早期に視認できなかったのかを考える。「対向走行車両のハイビームに幻惑された」とか、「雨上がりの蒸発現象があった」とか、「街路灯がなく暗かった」いうような事情が俎上に上がってくる。それらの事実も場合によっては無罪理由になることがあり、そうでなくても重要な情状事実になることがある。

ただし、「発見遅れ」というような主観的事情は、確定的事実として固めるのに工夫を要する。「見える」「見えない」というのは当事者の認識内容であるから、その確かさをめぐって他人間で情報や認識を共有すること自体が容易でない。写真や動画によって客観化しても、写真や動画に撮影されている状態が当該運転者自身の認識内容と同一であるとは言い切れない（十分理解されていないことであるが、当事者の目にどう見えていたかを写真や動画で再現することはかなり難しい。）。

視覚と幻惑の関係、蒸発感覚の科学、運転中の一般的な注意性向など、人の感覚や生理に関する専門家の知見を得ながら、そのときの被告人の対応に責められる理由がないことを（被告人自身の注意力で対処するよう求めるのは難きを強いるものであること）を証明したい。

救急医療態勢やこれを支える態勢が十全に機能していれば、深刻な結果の発生は回避できたのではなかったかという問題が発生することがある。

事故発生時から時間が経過すると急速に致死率が高まる。最近はドクターカーやドクターヘリも登場して医療対応の開始を1分でも1秒でも早めようという取り組みが進んでいるが、交通事情で救急車の現場到着が遅れたり、たらい回しで医療機関への搬送が遅れ、

本来なら救えたはずの被害者を死なせてしまうDOA（dead on arrival）の責任は誰が負うのか。

　同じような被害状況の交通事故事件が救急医療態勢が進んでいる県と遅れている県で起きたとする。結果が死亡事故と負傷事故に分かれたときに、医療先進県の車両運転者は過失致傷の刑責しか問われず、医療後進県の車両運転者は過失致死の責任が問われることになる。これは不合理な差別ではないだろうか。事案に即して考えなければならないが、事故と結果の間に相当因果関係がない場合もあり得よう。少なくともその事実が重要な情状事実になる可能性は大いにあるだろう。

　過労運転事故の場合、過労状況にあったことは情状事実になるか。道交法66条は、過労等の理由により正常な運転ができないおそれのある状態で車両等を運転することを罰則（3年以下の懲役又は50万円以下の罰金）をもって禁じている。古い判例になるが、昭和38年1月31日東京高判は、「運転者の労働条件が過重で十分休養をとり得ない場合でも、そのことによって事故回避のための注意義務は軽減されないし、責任非難を軽減する事情としても考慮されない」と言っていた。

　車両運転者が過労運転に及び、当該運転車両の使用者が過労運転の防止に必要な運行管理を行っていると認められないときは、公安委員会はその使用者に対し、過労運転が行われないよう指導・助言等の指示ができる（道交法第66条の2）。

　これらからすると、過労運転は当該運転者の悪しき情状というほかないようにも思えるが、さてどうか。道交法の規制は、過労運転は本人の自発的な行動であり、自身の注意により過労を回避することが期待できるという前提で作られた法条である。しかし、私たちの眼前に展開する労働の現場はそのような前提で考えることができない。引用判例は「過労死」などというおぞましい言葉が登場する以前のものである。2018年に成立したいわゆる働き方改革関連法で導入された残業時間の罰則付き上限規制では、「自動車運転」の業務への適用が2019年4月の法施行後5年間猶予され、適用上限も「年960時間」と他業種より極端に緩くされた。

　職業労働者が事実上強制されている過重労働の実態を明らかにすることにより、当該過労運転を回避する余地がなかったことを立証したい。本人責任論の壁を突破するのは弁護人の喫緊の課題である。その鍵は当該労働者の事故発生に至る運転行動の経過を正確に明らかにすることにある。

　当該事故の相手方の行動や相手方の事情を考える。相手方の行動や事情は受傷の結果にどう関わっているか。その行動がなかったならこの結果は発生しなかったとか、このような状況がなかったら別の結果になっていた可能性が高いと言えるような事情はないか。相手方の行動や事情が突き止められず前提の不確かな推論のみを展開するのは避けたい。

　事故自体に関する事情が重要である。事故前の相手方の動静はどうだったか。道路状況や現実の交通流の状況を考えると、通常一般の車両運転者は相手方が現実にとったのと同じ行動をとるだろうか。相手方の疾病や障害は当該結果の発生に影響を与えていないか。何らかの事情が介在して医療が尽くされなかったということはないか。

　相手方の行動や事情に関して検討すべきことの中心は、何と言っても交通関与者として

の不注意である。あら探しをするような視点で安全確保策の不履行をあげつらってはいけない。そのような状況に置かれた者に普通向けるであろう期待を前提とし、そのような対応をしていないと言うのでなければ偏頗と責任逃れの評価を受ける。

　まだほかにも検討すべきことは少なからずあろう。各自の弁護感覚を磨いて考察を深めてほしい。そしてようやく当該運転者の「不注意」が登場する。これまで簡単に不注意と片付けられない事情という観点から精査したけれども、その上で不注意という結論以外にないとか、注意意識の欠如が事故の決定的な要因であるということになったときに、罪体自体の情状事由はなかったとか僅かしかなかったという結論に至るのである。

6　むすびに

　無罪を争う裁判は闘いであるが情状を訴える裁判はお願いをするものだという程度に受け止めている向きが多いのではないだろうか。情状と一言で言うが奥行きは深い。交通事故事件における情状弁護もときに壮絶な格闘を伴う。中途半端な情状弁護で対応すれば、裁判所は適当な情状評価を下して一件落着になる。

　刑事裁判における弁護人の役割についてはいろいろな考え方がある。交通事故事件についても考え方は分かれるところがあるだろう。筆者は、交通事故事件の情状弁護活動の特質は、交通の安全を確保するという観点に立ち、被告人が負うべき責任を合理的に限定させ、根拠なく、また際限なく拡大させないところにあると考えている。

　遺憾なことに警察も検察もそして裁判所も本当に交通安全を実現する姿勢に立って物を言っているのか疑問に思うことが少なくない。被疑者・被告人の権利を守りつつ、悲惨な事故を少しでも減らす目標をもってもの言うのが弁護人であり、弁護士であると思う。

第8章
行政処分への対応

1　はじめに

　この章では、交通事故事件の番外編として交通行政処分への対応を考える。一般に車両運転者は免許が取り消されたり停止されたりすることに強い関心を寄せる。就職時の保有資格や在職要件として運転免許が挙げられる場合も多い。罰金は払うが取消しは免れたいという車両運転者に接してきた経験を踏まえた章である。交通事故に伴う行政処分もあり事故を伴わない処分もあるが、後者が圧倒的に多い。だが、行政処分事件の弁護活動に関わる弁護士は極めて少ない。行政処分に弁護士が役に立つことはないと思われているようである。この分野の基本的な知識を持つことは、実は「番外」ではなく交通事件に関わる弁護士の必須要件なのではないかとも思う。なお、本章では、車両運転者を筆者の慣用語法により「ドライバー」と称する、自動二輪車などの運転者は「ライダー」と称されることが多いが、ここでは「ドライバー」で統一する。
　点数制度による90日以上の免許停止と免許取消しの行政処分には「意見の聴取」の機会が設けられ、点数制度によらない処分には「聴聞」の機会が設けられている。しかし、道交法第104条（意見の聴取）や同法第104条の2（聴聞の特例）にある「有利な証拠の提出」や「専門的知識を有する参考人又は当該事案の関係人の出頭」は、実際にはほとんど行われておらず、申請しても容れられることは極めて少ない。
　実務は驚くほど決められた準則が無視され、その一方驚くほど基準どおりに行われている。ある累積点数に対応する処分内容は決められていて幅がない。司法になぞらえれば法定刑が宣告刑になる。弁護士が多く関わらないために公安委員会の専権がまかり通っているように思う。道交法におけるデュープロセスの復権は喫緊の課題である。
　意見聴取者や被聴聞者は「補佐人」と呼ぶが、本章では補佐活動を弁護活動という。なお、「代理人」は本人に代わって意見聴取期日に出頭する者をいう。
　点数制度の仕組みのほとんどの前提となる道交法違反の取締り状況を概観しておく。放置違反金制度が導入されて駐停車違反の取締りが激減した。それまでは最高速度違反と並

ぶ道交法違反の両雄であったが、駐停車違反の検挙件数は大きく減った。放置違反には点数が付かない。駐停車違反が極少化したことは点数の累積を緩やかにし処分対象に達するまでの期間を長くさせ、非処分を増やす結果をもたらしている。行政処分のこの間の推移を見ると、取消し・停止の総数は2006年の85万件から17年の32万件と、12年間で半分以下に減っていることに気付く。

しかし、減ったといっても行政処分を受けた免許保有者は年間32万人近くもいる。うち免許取消しが4万4000人を超え、90日以上の停止が約4万6000人、90日未満の停止は23万人近くに達する（2017年）。当局は処分対象者の数を発表しないので、対象者中のどれだけが処分を免れたのかも、どれだけが「法定刑」より軽い処分になったのかもわからない。処分者中に占める取消し処分者の比率が高まっていることも気になる。32万人は少ない数字でも喜ばしい数字でもない。

2　基本的なこと

交通違反を重ねると免許の停止や取消しなどの行政処分が行われる。事故を起こせば多く行政処分が来る。犯罪一般に重罰化傾向が強まり、交通事犯ではとりわけ重罰化の傾向が著しい。その趨勢に連動して行政処分や点数制度の世界も、基準と運用の両面でこの間急速に厳しさを増している。

2009年から酒酔いや酒気帯びなら1回の違反でも取消しや長期間の免許の効力停止の処分が科されるようになった。前歴があればなお重い処分になる。90年代以降一気に進んだ交通事故事件の不起訴化傾向とは方向性が真反対の厳重処罰の傾向が進み、その結果、刑事は罰金で終わったのに免許は欠格期間が数年に及ぶ取消しになるなどというケースも珍しくなくなった。交通事故では多くの事件が不起訴や罰金で済まされるのに、危険運転致死傷やこれに準じる事件では極めて厳しい処罰を敢行し、道交法違反の方は放置違反を点数から解放するなどして累積傾向を緩和する一方、酒気帯びやひき逃げ等では一気に超長期にわたって車社会から排斥するという2極化構造に多くのドライバーは戸惑いを感じている。

しかし、処分をめぐる決まりや判定の詳細な基準については警察も公安委員会も広く知らせない。行政処分は警察が決まりに従って機械的に行うもので、周知徹底に努めれば警察批判に火をつけるだけだと懸念しているようにも思える。実際、処分をする役所の名前も知らず、処分が妥当なのか妥当でないのかもわからないドライバーが多い。一方、〇〇県警は甘いから住所を変えると良いぞなどと怪しげなネット情報がはびこり、生兵法的な知識を蓄えるドライバーも多い。市民の知識はばらつき、弁護士の力も一般に高くないように思われる。

処分のために呼出しを受けたドライバーは、公安委員会に意見を言うことができ、的確な意見であれば容れられることがある。しかし、少なくないドライバーが実は裏ワザがあると思っている。大物小物の警察官の違反もみ消し報道は、市民の警察不信と裏ワザ信仰を確実に広げている。行政処分の際に確かな意見が言えるためには、処分に関する正確な

知識が必須である。

3　行政処分と刑事処分

　ドライバーが道交法に違反したり交通事故を起こしたりしたときなどに受ける免許の効力の停止処分や免許の取消し処分などを行政処分という。正式には「免許の効力の停止処分」と「免許の取消し処分」だが、「免許の停止」「免許の取消し」と略称される。

　多くの市民は行政処分と刑事処分の違いを正しく理解していない。違反や事故の際には、「刑事処分＝罰金や禁錮・懲役など」と「行政処分＝免許の停止や取消し」という２系列の責任が発生することや、払わないと罰金に進むことから「反則金」は刑事系の概念であることを説明する。

　所管としては、前者は警察から検察につながり、後者は警察から公安委員会に進む。検察庁と公安委員会は別の公的機関である。刑事処分と行政処分は別々に行われる。前者はドライバーが犯罪行為に及んだかどうかを調べ、そうだということになれば国に対し制裁金を払わせたり刑務所に収容したりする科刑のシステムなのに対し、後者は道路交通上の現実の危険を防止するため、危険の兆候を示したかどうかを判定し、そうだということになればドライバーを道路交通の現場から一定期間もしくは基本的に排除する交通安全確保のシステムである。

　ドライバーは基礎的な情報が与えられないために見通しがつかない場合が多い。相談者は行政処分を心配しているが、より心配すべきは刑事処分だというケースもあり、その逆もある。面前の相談者が心配している内容と本当に心配すべき内容を見極めることは大事である。運転資格を失うことが最大の心配だという人は多い。刑事処罰が業務上の資格喪失に繋がる場合もある。行政処分についてはよくわからないと言うと、相談者の大きな悩みに答えていないことになることがある。

　意見聴取の際に主宰者（公安委員）から「刑事処分はどうなっていますか」と聞かれることが多い。公安委員会は刑事処分の結果を把握していないのが普通である。行政処分の手続が検察の結論より先に来ているときには（その場合が多い）、「検察の結論はまだです」と答える。刑事が行政より先になる場合もある。「私の行政処分はどうなるのでしょうか」と検察官（副検事か事務官がほとんどである）に聞いても、多く「行政処分のことはよくわからない」と言われる。検察官は行政処分のことを知っていると思っている当事者は面食らう。

4　点数制度による処分と点数制度によらない処分

　一般のドライバーが多く直面する行政処分は基本的に点数制度の上に成り立っている。点数制度は、ドライバーの過去３年間の違反や事故の内容に一定の点数をつけ、その合計点数（累積点数）によって免許の効力を一定期間停止したり取り消したりする仕組みで、日本では1969年から実施されている。「私の持ち点は何点だ」などと言う人がいるが、行

政処分は「持ち点」という捉え方をしていない。

　2009年に道路交通法施行令が改正施行され、「特定違反行為」という新しい違反区分が登場した。①運転殺人等、②運転傷害等、③危険運転致死、④危険運転致傷、⑤酒酔い運転・麻薬等運転、⑥救護義務違反を指す。これまでの違反は「一般違反行為」と称されることになった。特定違反行為はいずれも基礎点数が甚だしく高い。車両運転を伴う悪質違法行為に関して車両運転の禁止を超長期にわたって命じるために登場した違反区分である。その内容は車社会からの完全排除に近い。2006年頃に酒酔い運転の危険度が急に高くなったということはない。車両を運転して殺人に及んだり救護義務に違反したドライバーに交通関与者としての危険性を認めるのが妥当なのか。論議の余地があろう。ここには刑事処分と行政処分の接近思想があるように思われる。

　一般違反行為は従前の違反行為から「酒酔い運転等」を除いたものになる。また、救護義務違反の点数が「付加点数」から「基礎点数」に変わった。これまでは安全運転義務違反などの基礎点数に付加されていたが、今回の改正で初めから救護義務違反の35点が付くことになった。

　このほかに、「点数制度によらない処分」（点数が付かない行為で処分に直結するもの）として、①「重大違反唆（そそのか）し等」を理由とするもの、②「道路外致死傷」を理由とするもの、③「危険性帯有」を理由とするものがある。「重大違反唆し等」とは、重大な違反をけしかけたりやろうとするのを手助けしたりした場合を言い、取消しか停止かの処分が行われる。免許を与える前にそれらの行為に及んでいれば、免許を与えなかったり与えるのを保留にしたりする。「重大違反」とは、酒気帯び速度超過、酒気帯び運転、速度超過など点数が6点以上のものをいう。唆したり助けたりする者の危険性は、実際に違反におよぶ運転者と変わらないと見ている。処分の基準は自ら重大違反をした場合に準じる。

　「道路外致死傷」とは、道路以外の場所で車両を運転して人を死傷させることをいう。危険性は道路で事故を起こして人を死傷させるのと同じだと考えた処分である。処分の基準は道路で交通事故を起こした場合に準じる。

　「危険性帯有」とは、車の運転が著しく道路交通の危険を生じさせるおそれがある状態をいう。車両の使用者が一定の違法運転を下命・容認したときとか、暴走行為をさせたときとか、麻薬・覚せい剤等を使用したときなどに、この判断がされることがあり、6か月以下の免許停止処分になる。2018年1月、警察庁は「あおり行為」に及ぶ運転者を危険性帯有者として処分することを検討するよう全国の都道府県警察本部に通達した。

5　一般違反行為とその点数

　点数が付く違反行為には極めて多くのものがあるが、典型的なのは、速度超過（1〜12点）、携帯電話使用等（1〜2点）、指定場所一時不停止等（2点）、通行禁止違反（2点）、信号無視（2点）である。この5つで道交法違反取締り件数の4分の3になる。

　点数は付くが罰則がない違反で検挙件数の多いものとしてシートベルト装着義務違反

（1点）がある。なお、以前は大量にあった駐（停）車禁止場所等違反が激減し、大半が放置違反金納付命令事件として処分されることになったが、これには罰則も点数も付かない。免許証記載事項変更届出違反（道交法第94条1項）、免許証返納義務違反（第107条1、3項）、泥はね運転（第71条1項）、免許証不携帯（第95条1項）なども点数が付かない。

　一般違反行為のほとんどに点数が付く。これを「基礎点数」という。公安委員会は、警察からの連絡を受けて電算登録した違反の点数を次々加算し、累積点数が一定の基準に達すると行政処分の対象にする。事故を起したときは、被害状況と過失の程度に応じた点数（2〜20点。「事故時の付加点数」）を加算し、当て逃げがあるとさらに5点を加算する。ひき逃げの35点は基礎点数として必ず付くが、当て逃げは付加点数なので基本の道交法違反が成立しなければ加算しない。

　事故のときも、まず何らかの道交法違反（例えば「交差点安全進行義務違反」なら2点）が基礎点数になり、それに事故による付加点数を加えるという加算方法をとる。

　点数加算の仕方には、①基礎点数以外の付加事項がない場合、②事故による点数が付加される場合、③ひき逃げの基礎点数やあて逃げの付加点数がさらに加わる場合がある。24キロのスピード違反をすると2点、無免許のドライバーが一方的な不注意による事故（被害者に責任のない事故）を起して被害者に加療30日未満の傷害を負わせると無免許運転（19点）と違反者の一方的な不注意による加療30日未満の傷害事故（6点）の合計で25点、交差点安全進行義務違反で被害者に加療3ヶ月以上の傷害を負わせて被害者にも不注意があったが救護などの措置をとらず立ち去ったときには交差点安全進行義務違反（2点）と「違反者の一方的な不注意による場合」以外の場合の傷害事故（9点）とひき逃げ（35点）の合計で46点、というように計算する。

　累積点数は、処分の理由となる違反行為の点数に過去3年（違反や事故の日を起算日とする）以内に犯した違反行為等（①一般違法行為、②特定違法行為、③交通事故、④当て逃げ）の基礎点数や付加点数を合計して算出する。

6　点数計算の例外

　点数制度は、交通事故や交通違反を繰り返す危険性の高いドライバーを道路交通の世界から排除して交通事故の防止・安全な道路環境の確保をはかること、そして事故や違反をせず無事故・無違反の安全運転を心がけるようドライバーを督励することを目的とする。その観点から点数計算の原則にはいくつかの例外が設けられている。

《例外1》今回の違反と前回の違反の間に1年以上無事故・無違反の期間があるときはその期間以前の点数は累積計算の対象としない。1年以上無事故・無違反の期間があることは当該ドライバーの交通関与者としての危険性が減少したことを示すものと見る。

《例外2》違反行為を理由に免許の停止などの処分を受け、その処分期間を無違反で過ごした場合は、処分前の違反行為の点数は累積計算の対象としない。

《例外3》点数3点以下の違反行為をしたドライバーが、過去2年無事故・無違反で今回の違反後も3ヶ月以上無事故・無違反の場合は、累積点数の対象としない。2年間無事

故・無違反・無処分で経過したドライバーが1～3点の違反行為をして、その後3ヶ月以上無事故・無違反で経過したときは、その点数は累積されない。

　行政処分制度が危険性減退という評価を点数計算の際に取り入れていることは弁護に際して着目し、活用する必要がある。この制度はドライバーの交通関与者としての危険性の有無や程度は当該ドライバーの違反や事故の頻度やその内容によって判断されるという見方をとっているのである。

7　停止・取消しの処分基準と前歴計算

　一般違反行為については、免許の停止の処分基準は30日から180日まで30日刻みの6段階、免許の取消しの処分基準は欠格期間（あらためて免許を受けることができない期間）が1年、2年、3年、5年の4段階になる。前歴0回の場合、6点で30日、9点で60日、12点で90日の停止の対象になり、15点で1年の取消し（1年待たなければ免許が与えられない）、25点で2年の取消し（2年待ち）、35点で3年の取消し（3年待ち）、45点で5年の取消し（5年待ち）の対象になる。

　前歴とは、「処分の対象になる違反行為のあった日からさかのぼり過去3年間に免許の停止などの行政処分を受けたこと」をいう。3年間行政処分がなければ前歴は0回になり、前歴が1回なら4点で免許の停止60日の対象、10点で1年間の免許取消しの対象になる。

　前歴が増えると軽微な違反でも処分対象になり（前歴0回なら6点で処分対象になり、前歴1回なら4点でなり、前歴2回以上なら2点でなる）、それも一番軽い停止が前歴0回で30日、前歴1回で60日、前歴2回で90日になるなど、初めから重い処分が科される。なお、1年間無事故・無違反で新たな停止処分もなければ、それ以前の前歴は消える。ただし、点数や処分をカウントしなくなるだけで、処分が執行された事実は消えず、新しい免許証の有効期限は3年になる。

　これまで「〇日の処分の対象になる」という表現をしたが、「処分の対象になる」と「実際にその処分をする」のではない。ある処分の対象になると必ずその処分がされるのなら（いかなる事情があっても基準の処分よりも軽い処分は科さないのなら）意見の聴取も聴聞も行う必要がない。意見の聴取や聴聞は、その機会に主張されることや提出される証拠により本来の処分より軽い処分が言い渡されたり、場合によっては処分がなされない可能性があるから行うのである。

8　点数制度の問題点

　点数制度は、多くの違反行為等の危険性を点数に換算・還元し、その合計数によってドライバーの危険度を判定し、処分歴の多少や繁閑を勘案し、危険性が高いと判定したドライバーを車社会から排除したり善導したりする仕組みである。その計算処理は極めて技巧的でわかりにくいが、弁護士としては制度の問題点を把握することが弁護の第一歩と心得る必要がある。制度の問題点を考える。

〔決められた基準を機械的に当てはめる傾向が極めて強い〕

　行政処分の目的は、危険な運転行動をするドライバーをその危険度に対応させて車社会から排除したり善導したりすることにあるのだから、そのドライバーが確かに法に抵触する行動に及んだのかとか、本当に危険な行為に及んだのかについて子細に調べる必要があるのに、公安委員会は個別の状況や事情を究明せず違反や危険性を外形だけで判定する傾向が強い。

〔当てはめの仕方が原因で不公平になる場合がある〕

　累積点数と前歴回数の評価の組み合わせの結果、不合理な結論に至ってしまうことがある。処分開始時期の僅かな日にち差が原因で不当に重い結論になるとか、評価区分上の限界事例であることを斟酌してもよいと思われるのに考慮されていないとか、事案の実質を無視した不公平な結論を押しつける場合などである。

〔職業ドライバーに苛酷な処分になる場合が多い〕

　運転距離・運転時間が一般のドライバーと比較にならない長さになる職業ドライバーにこの基準を機械的に当てはめる例が多い。プロなのだから一般のドライバー以上に注意すべきだと言われるが、運転免許で家族などの生活を支えている事情等を無視して一律の処分を断行するのはいかにも不合理である。1日に何百キロも運転するドライバーと1年に何千キロ程度しか走らないサンデードライバーに同じ評価方法を適用すれば、職業ドライバーに過酷な結論になるのは目に見えている。警察庁の関係部局の責任者も、職業ドライバーは自身の事情を意見聴取（聴聞）の機会に積極的に申し出てほしいと言っているにもかかわらず、現場の対応は不合理に過酷である。

〔背景事情を無視した処分が少なくない〕

　職業ドライバーに限らず、当該ドライバーの個別の事情を不当に無視されている場合がある。停止期間中電車やバスでしのげず、免許の有無が文字どおり死活問題になる人もいる。警察も公安委員会も処分の妥当性を自分から進んで検証しようとしないので、ドライバーの方から適用除外を積極的に主張しなければならない。

　運転免許の停止処分を受けた者は停止処分者講習の考査成績によって停止日数が一定程度短縮される（短縮期間は処分日数が30日なら20〜29日間、60日なら24〜30日間、90〜180日なら35〜80日間）。しかし、それは背景事情などここで指摘した問題点を解消する措置にならない場合が少なくない。

9　意見聴取・聴聞のルール

　道交法第104条は、免許の取消しをしようとするときや免許の効力を90日以上停止しようとするときは、公開による意見の聴取を行わなければならないと定め、公安委員会は、意見の聴取期日の1週間前までに、当該処分対象者に処分理由や意見の聴取の期日・場所を通知しなければならないと定めている。

　意見の聴取に際しては、当該処分対象者又はその代理人は、当該事案について意見を述べ、有利な証拠を提出することができる。意見の聴取を行う場合に必要があると認めると

きは、公安委員会は道路交通に関する事項に関し専門的知識を有する参考人又は当該事案の関係人の出頭を求め、これらの者からその意見又は事情を聴くことができる。

　この規定に基づき、道交法施行令第39条は、意見の聴取の手続として、法第104条１項の規定による意見の聴取を行う場合の処分理由並びに意見の聴取の期日及び場所の通知は文書によって行うと定めている。また、道交法第104条の２は、聴聞の特例に関し、公安委員会は第103条１項又は４項の規定により免許の効力を90日以上停止しようとするときは聴聞を行わなければならないと定めている。

　点数制度による処分に適用されるのが「意見の聴取」であり、「聴聞」は点数制度によらない処分に適用される制度である。運転免許の処分には２つの意見陳述方式が併存していることになる。また、行政手続法第13条１項は、不利益処分をしようとする場合の手続として、行政庁に対し、許認可等を取り消す不利益処分などに「聴聞」を義務づけ、それらに該当しない不利益処分などに「弁明の機会の付与」を義務づけ、その他意見陳述を不要とする場合を定める等している。道交法はこれらの手続区分によらず一律に「聴聞」を義務づける。そこで「道交法の聴聞」は「行政手続法の聴聞」の特例ということになるが、いずれも一定期間をおいた事前期日通知や聴取（聴聞）場所の通知や公示を要する。また、その期日における審理は、公開により行わなければならず、主宰者は、必要があると認めるときは道路交通に関する事項に関し専門的知識を有する参考人又は当該事案の関係人の出頭を求め、これらの者からその意見又は事情を聴くことができるとされている。

10　意見聴取・聴聞の実際と問題点

　公安委員会は、意見聴取・聴聞制度を使って、免許の取消しや90日以上の停止の対象となるドライバーから公開の場で意見を聞き、処分を行う。以下、「意見聴取」と「聴聞」を総称して多くのドライバーが直面する「意見の聴取」と表記することとし、点数制度による処分を念頭において説明する。

　公安委員会は、処分の理由になっている違反や累積点数などについて、ドライバーに弁明の機会を保障し、有利な証拠などを出す機会を与えなければならない。行政処分は人の基本的な権利や自由を制限するものであるから、原則としてその言い分を述べる機会を保障する仕組みになっている。

　「運転免許の取消処分にあたって行う聴聞においては、前述した手続構造上、聴聞を主宰する者が事案を十分把握したうえでこれに臨むのでなければ、聴聞において被処分者の行う主張立証の内容を理解することが困難であることはもとより、被処分者に前述した問題事項を摘示し、関連する個々の証拠を開示することも困難であることは言うまでもない。……聴聞を主宰した公安委員において事案に対する十分な理解を欠くまま聴聞が実施されるときは、その聴聞は法の期待する聴聞たる実質を有しないといってよいから違法であることを免れない」（昭和49年12月11日浦和地裁判決）。

　意見聴取期日の１週間前までに、公安委員会（警視総監・道府県警察本部長）から、「意見の聴取期日」「意見の聴取場所」「処分事由」「過去３年以内の行政処分歴」「累積点

数」などの書かれた「意見の聴取通知書」が送られてくる。

　公安委員会は、一般に予定している処分の内容により呼出し曜日を分けている。1回に20～30人程度のドライバーを呼び出し、意見の聴取は「公開の場で」行う。しかしどのようにすれば公開したことになるかは各公安委員会の判断に任され、実際には裁判所のように誰もが自由に審理を傍聴できるようにはなっていない。県警本部など警察施設の中で行われ、傍聴したいと思う者が入っていこうとすると、施設の入口でも意見の聴取会場でも「何の用か」と問われる。自分より先の順番の意見聴取者が意見を述べるのを後の順番の者が聞き取れる状態にしていれば公開原則を満たしているという考え方が強い（実際には聞き取ることもできない場合が多い。）。傍聴席ではなく単なる待機席なのである。聴取室に1人ずつ招き入れ、ドアを半開きにして後の者を外に待たせておけば公開していることになるという「名ばかり公開」の県警がほとんどと言ってよい。弁護士としては、意見聴取の傍聴をして現場の様子を肌で感じられるようにしておきたい。

　道交法は、意見の聴取者やその代理人は意見の聴取の際に当該事案について意見を述べたり有利な証拠を提出することができると定めている。代理人というのは、欠席する本人に代わって意見を述べる人を言い、家族などが行う例が多い。

　意見聴取や聴聞の弁護活動をする者を「補佐人」という。補佐人は刑事事件の弁護人に相当し、本人と一緒に出頭して弁護活動を行う。補佐人は公安委員会の許可がなければ就任できないので、「補佐人出頭許可申請書」を準備する必要があるが、弁護士であれば補佐人就任の許可はまず出る。数日前までに提出することを求める公安委員会が多いが、当日、会場で作成して提出しても普通は受け付けられる。

　意見の聴取者は自身に有利な証拠を提出することができる。一時停止線で車両が停止した状況を見ていた同乗者を同行するとか、被害状況が当初の見立てより軽かったことを明らかにするため事故の被害者などを参考人として同行することも考えられる。しかし、意見聴取の実情を見ると、この制度は本来予定した形で運用されているとはとても言えない。多くのドライバーは意見聴取の機会に自身に有利な証拠を公安委員会に提出できること自体を知らない。

　ドライバーが真剣・詳細に弁明したり、実際に証拠調べをすることになれば、公安委員会の事務量は現状とは桁違いに増えるだろう。交通取締りのあり方などに対する批判や要求の世論が盛り上がるきっかけになることを嫌い、公安委員会はできるだけ「物言う」機会を作らせないようにしたいと考えている。

　前述したように2時間くらいの間に20～30人の「審理」をする。1人ひとりの言い分を丁寧に聞く時間は予定されていない。速度違反なら急いでいた事情が無理もないものだったかどうかとか、免許の取消しが当該ドライバーの周辺に想定外の過大な不利益を生じさせないかというようなことを詳細に調べる姿勢はない。また、当事者や補佐人が主張した事実について裏付けの捜査（調査）をすることも通常予定していない。あれこれの主張があってもその日に結論の処分を言い渡すのが原則である。

　1人のドライバーにたかだか5分くらいの時間しかかけないのだから、そのような対応しかできないのは当たり前である。検察官役の警察官と裁判長役の主宰者の2人しか立ち

第2編　基本活動

会わず、書記官役の職員もいない。意見を陳述するドライバーが同乗者や被害者を同行しても、その人たちが話す内容を正確に記録するきちんとした態勢もないし、実際に補佐人（予定者）を同行するドライバーはほとんどいない。当局は補佐人就任率も発表しないが、筆者の感想を言えば意見聴取の会場に1人か2人というところだろうか。

　道交法の目的は「道路における危険を防止し、交通の安全と円滑を図ること」などにある（第1条）。公安委員会の処分は、当該ドライバーの危険度はどの程度のものかとか、どうして安全を守れなかったのかということを合理的に判定した上で行うものでなければならず、処分の妥当性もその視点に立って考えなければならないはずである。道交法第103条は「処分することができる」と規定しているだけで、事情によっては基準どおりの処分をしなくてもよいという趣旨が込められている。

　道交法違反の取締り件数は以前に比べ減少しているとは言え、年間500万件は超える。現在の公安委員会の姿勢は、違反件数が年間1000万件を超えていた時代よりもさらに画一的処理に突き進んでいるように思われ、問題の深刻さは否定できない。

11　意見聴取に向けた準備

　意見聴取に向けた準備の方法を考える。意見聴取当日の僅かな時間にやれることは限られており、必然的に聴取期日に先立つ準備が重要になる。呼び出し前の相談であればまだいくらか時間的な余裕があるから、各都道府県の自動車安全運転センター事務所長が発行する「運転記録証明書」を取り寄せるように当該ドライバーに指示する。証明書には当該ドライバーの違反履歴や事故履歴のほか、付いている点数や行政処分履歴や現在の累積点数などが記載されている。特例が適用されて点数計算がされないとか、まだ結論が出ていない未処分事案も記されている。なお、現場で違反を争っていても、またサインや切符の受け取りを拒否していても、点数は基本的に記録されていることに注意しよう。

　弁護士の面談時に切られた切符の本人控えを持参してくるドライバーは多くなく、自分の違反の時期と内容を正確に弁護士に報告できるドライバーは少ない。実際には違反と違反の間にどれだけの期間が空いているかとか、何キロの速度違反かというような個々の情報により、予測される累積点数や処分が変わってくる。電話などによる最初の相談依頼の際に、運転記録証明書を受け取ってからあらためて連絡をするように指示することが重要である。

　警察官が「違反」を把握すると自動車安全運転センターへの連絡を迅速に行うことになっている。点数計算は常に「いつの違反か」を問題にするので、違反の存在を覚知した警察官がすみやかに連絡しないと処分内容に混乱や誤算が起きる危険がある。もっとも、事故を伴う場合には、その実情や被害状況によって点数が変わることもあり、センターへの連絡が遅くなる場合がある。

　証明書の交付申請用紙は警察署や派出所に備えつけてある。郵便振替用紙が添付されており、手数料を添えて郵便局で申し込むと2週間ぐらいで送られてくる。呼出し状がきた後では聴取期日を延ばして貰わない限り間に合わなくなることが多いので気をつける必要

がある。

　証明書の記録を踏まえ、違反や事故の実情を正確に把握する。多くの違反は車両走行中の現象である。どのような行動が違反とされたのか、事案を正しく把握する必要がある。現場調査が必要になる場合が多い。調査したときはできる限り写真や動画の撮影を行い、図面や画像資料にまとめる。相談者が図面を作ってくることもあるが、正確を期し弁護士自身が作成する。事実関係はそのとおりだが違反には事情があるという場合もある。その事情も詳細に聞き出す。この調査活動もできるだけ呼び出し前に済ませておきたい。

　呼び出し日までに調査を尽くせないと判断したときは聴取期日の延期申請を検討する。呼び出し状に返信用のはがきを同封している公安委員会が多い。呼び出し日に出頭するかしないかを書く欄があるので、その書き方を相談者と相談する。延期を申請するのならその返事と整合している必要がある。返事を書く前に弁護士と相談してほしいと言わねばならない。「補佐人になることを希望しているが、呼び出し日までに準備が整わない」と言うのがよいだろう。多くの公安委員会は延期を承認しても1週間か2週間先の同じ曜日を指定してくる。長期の延期を求めると抵抗されるが、治療継続中であるとか捜査継続中であるというような場合は、そのことを告げて延ばして貰う。

　呼び出し日に先立ち、「補佐人意見書」（正確には「補佐人になろうとする者があらかじめ作成する意見書」であるが）をまとめる。意見の聴取は1回結審当日判決の刑事裁判のようなものなので、第1回公判期日の「弁護人意見書」と審理終結時の「弁論要旨」を兼ねたものになる。ドライバー自身の「陳述書」も欠かせない。自身の身上からはじめて事件の全容を書き、自身が考える捜査の不合理や矛盾を記す。事実関係の詳細は陳述書にまとめ、意見書は弁護士としての見識を記すという振り分けをしてもよい。写真や動画や図面は補佐人意見書に添付するもよし、陳述書添付もよし、独立の証拠として提出してもよい。なお、事案にもよるが、できれば家族や会社上司などの陳述書も用意したい。

　これらの書面は呼び出し日の2、3日前までには公安委員会に届けたい。日にちが切迫しているときには、確実な提出を期してドライバーか弁護士自身が直接届けに行く。呼び出されている所（意見聴取の会場）と公安委員会の住所が違うことが多いが、日にちが切迫しているときは会場の住所気付けの「公安委員会」名宛てにする。事案を十分把握した上で審理に臨まなければ、ドライバーの主張立証の内容を理解することが困難になるのであるから、公安委員会は補佐人が提出した資料に目を通しておかねばならないことになる。

　なお、準備を尽くしたいという希望は短期免許停止にもあり得る。短期免許停止の場合には意見聴取は義務づけられていないので、呼び出しに応じて出て行くと直ちに処分が伝えられるが、この場合も意見を述べることが禁止されてはいない。これまでに述べた陳述書や補佐人意見書の提出を視野に入れて対処する。

12　意見の骨格

　主張する意見の柱は次のようなものになろう。
　ア　道路交通上の危険や障害を発生させていない（発生させていても僅かである）。

イ　違反の原因は道路の設備や構造の不備など、ドライバー以外のものにある（それらのものにも原因がある）。
ウ　違反の背景に急病人の輸送や劣悪な輸送条件や労働条件など、特別な事情がある（それらの背景事情にも原因がある）。
エ　事故の原因は被害者側の過失や道路設備、構造の不備、不合理な規制などにある（それらの事情にも原因がある）。
オ　点数が累積される過去のケースにもイ～エの評価をすべきものがある。
カ　点数区分のあり方に起因する不合理など、ドライバーの責任とは言えない（言い切れない）事情で苛酷な結論になっている。
キ　基準どおりの処分を受けると、職場の同僚の業務や家族の生活などに大きな不利益が生じ、周囲の人々までが違反の責任を問われるような理不尽な結果になる。
ク　本人は違反を犯したり事故を起こしたりしないように日ごろから安全運転を心がけており、車両を利用した社会活動など有意義な行動に従事している。

　筆者の経験を言えば、アやイの指摘は警察の交通行政や交通取締りに対する正面からの批判になりかねないため、その主張に対する公安委員会の抵抗は強い。だが、このことはドライバーの交通関与者としての危険性を考える上で欠かせない論点である。批判に耐える説得力が求められる。ウやエについては、その事情をどれだけ証明できるかが鍵になる。具体的なデータを伴わなければただ言いっぱなしの主張と受け止められる。オは重要な論点である。意見の聴取は今回の違反（最終の事案）について意見を聴く形で行われるが、ドライバーとしては過去のケースについて結論の点数だけで論じられるのは困る。過去の違反の評価が変わればまだ処分対象に達していないとか、もっと低い処分対象に該当するという可能性がある場合があるからである。カは一律機械的に基準を適用することによる矛盾である。例えば、前歴1回のドライバーは累積点数が10点でも19点でも欠格期間1年の取消しになる。9点と言えば一般道で25キロ以上30キロ未満の速度違反を3回繰り返したときの合計点数である。それほどの差があっても危険性の程度を同一とみるのは合理性を欠く。実情に即して危険性の程度に差を付けるべきだという批判が登場しておかしくない。キは公安委員としては比較的耳を傾け易い論点である。ア～カは一応は警察の「責任範囲」の事象になり、検討済みという対応になりがちであるが、職場の同僚の仕事や家族の生活への甚大な影響と言われると、警察としてはそのことは気づかなかったと言いやすい（知らなかったとしてもとがめられにくい）。どれだけ現実的な困難に直面するのか、家族の通院証明書だとか職場の同僚などの陳述書など、創意ある証拠提出を考える。クは、「危険性が高い」と思われているドライバーにもこのような安全実践者の側面があるという事情を示すものである。救命講習を受けているとか車を手放したとか、交通安全や人の生命や健康の保持に尽くしている事実を立証することになる。

13 意見聴取と処分結果

　意見聴取の会場は正面に主宰者の席があり、横に処分を求める警察官の席がある。意見を述べるドライバーを公安委員会は「被処分者」といい、被処分者の席は主宰者に向かい会う位置になっている。補佐人がつくと、ドライバーの横が補佐人席になる場合が多い。警視庁内で行われる東京都公安委員会の意見聴取の場合、会場後方には自分の順番を待つドライバーの待機席が傍聴席風に設けられている。裁判所の法廷と違って高い法壇こそないものの、法廷を連想させる（少年審判や家事審判の審判廷に似ている）。

　警察官がドライバーの処分理由の違反を朗読し、主宰者はドライバーにそれを認めるかどうか聞く。「処分理由の違反」とは今回の違反事実を指す。実務担当者向けの部内のテキストは次のように説明している。「過去3年以内のすべての違反行為に点数を付し、現にした違反行為に付されている点数との合計点数によって処分をすることとされているので、あたかも過去の違反行為も処分の理由となっているような感を受けるが、理論的には、処分の理由となる違反行為はあくまでも現にした違反行為であり、過去の違反行為は、現にした違反行為を理由とする処分を行う場合の危険性推認のための資料として、点数的に評価されているものである」（『点数制度の実務 五訂版』啓正社刊）。

　過去の累積ケースについては、こちらから「危険性推認の材料にしないでほしい」と言わなければ検討されない。公安委員会は原則として過去のケースまで調べない。ドライバーの方から過去のケースについても言いたいことがあると言っても、今日突然そう言われてもということになる。事前に主張すればこのような不毛の論議も避けられ、公安委員会としても無視しにくい状況になる。

　意見聴取に先立って提出した補佐人意見書や陳述書や証拠類は公安委員が事前に目を通しているので、補佐人は自身の意見書のポイントを押さえる発言をすることになる。聴取時間はせいぜいで5分くらいしか想定していないので、長くなりそうであれば時間がかかることを冒頭で述べておいた方が良い。

　主宰者はドライバーに対し普通いくつかの質問をする。ポイントの外れた質問もあり、意見書をよく読んでいないことがわかる質問もある。刑事事件はどうなったかと聞かれることが多い。公安委員会は刑事事件の処理状況や処理結果を気にしている。捜査中なので結論が出るまで待ってくれないかと言うと、「検察は検察、公安委員会は公安委員会ですからそういう訳にはいきません」などと言われる。何のために検察捜査の状況など聞くのかということになる。

　公安委員会によっては、弁護士が補佐人に付くと、意見聴取の順序を後回しにする場合がある。20人ほどの話を後ろでずっと聞かされるのは楽ではない。長い聴取になりそうな案件を後回しにするだけかも知れないが、補佐人の主張を後ろで聞いているうちに自分の言いたいことを言い始められては困るということがあるのかも知れない。

　処分の結果は、その日の意見聴取が全部終わった後に、公安委員会の名においてまとめて発表される。午前中に聴取を終え、お昼ごろに結果を発表する公安委員会が多い。その

ため、ドライバーは昼過ぎまで会場の近辺にいなければならない。

多くのドライバーは基準どおりの処分を通告される。通告するのは検察官役の警察官である。はじめからそのつもりで来ているドライバーは静かに帰って行くが、警察官にくってかかる者もいる。基準どおりの結論より軽い処分にされる者の数を公安委員会は発表しない。「私は基準より軽くなりますか」と聞かれることがよくあるが、統計も公表されておらず、確かな見通しを言うのは難しい。ドライバーの声に耳を傾ける姿勢が乏しく、軽減されて当然だと思われる事案でも基準どおりになってしまうケースがある一方、これはよく話を聞いてくれたなと思う事案もある。

14　むすびに

行政処分への対応について駆け足で説明した。先にも述べたように、行政処分の仕組みは時代とともに新しい対処スキームが旅館の増築のように付け加わり、複雑でわかりにくいものになってしまった。一読して納得される読者は少なかろう。難解になればなるほど行政処分の主人公は警察・公安委員会になり、ドライバーは結論を通告されるだけの存在になる。

交通行政処分におけるドライバーの市民権を確立する上で、鍵を握るのは弁護士ではないかとの思いを強くする。道交法の基本文献と行政処分に関する警察文献、そして関連の警察庁通達などの部内資料を座右に置かれることをお勧めする。なお、拙著『交通行政処分への対処法』（現代人文社、2017年10月刊）も参照されたい。

第 3 編
事例研究

はじめに

　本編は、交通事故事件の公判活動を担当された弁護士が自身の弁護活動を報告し、筆者が感想や意見などを加えたものである。

　第1の報告は、車両と車両の正面衝突死亡事故事案である。どちらの車両が中央線を超えて衝突に至ったのかが争われた。結論によって加害者と被害者の立場は逆転する。複数の鑑定書が登場し、その信用性をめぐって検察官と弁護人は激しく対立した。鑑定の問題性を暴くために専門家の知見を活用する過程が興味深い。鑑定人たちの危うさが浮き彫りになる。被害者参加事件であった。新進弁護士の果敢な気迫が無罪を勝ち取った実例として紹介する。

　第2の報告は、商店などが軒を並べた丁字路交差点で横断歩行者が車両にはねられて死亡した事案である。横断歩行者の存在を確認して衝突を回避できなかったかが問われた。弁護人は、停止可能な地点で発見することは期待できないとして無罪を主張。夜の商店街の明るさ、視認障害、走行車両の実情等の証拠化に腐心する。ドライブレコーダーの記録解析も登場し、写真の証拠価値や映像と実際の視認のずれという交通事故事件によく登場する論点も現れる。

　いずれも交通事件に関わり馴れた活動報告ではない。弁護士のとりくみの可能性をあらためて知らされる恰好の事件である。

第1章
正面衝突　対向車線に進入したのはどちらか

千葉県弁護士会　**中間陽子**

事故発生

　被告人を「A氏」、事故で亡くなった方を「B氏」といい、A氏運転車両を「A車」、B氏運転車両を「B車」という。登場する鑑定人は実名で示す。
　2006年2月3日の午前5時30分ころ、A氏は、顧客から頼まれた荷物を積むために千葉県市原市の道路を勤務先から君津市に向かって大型貨物自動車で走行していた。道路は中央線のある片側一車線で、車両はトラクタにトレーラーが連結されたものだった。真冬の早朝の道路は他の走行車両も歩行者もなく、A氏はライトを点灯し速度を落として走行していた。
　右に曲がる緩い下りカーブを走行していた時、突然、対向車（普通貨物自動車）が中央線を超えて走行してくるのが見えた。A氏は衝突を避けようとハンドルを急遽右に切ったが、対向車と衝突、両車両はそのまま対向車線側のガードレールを突破して道路沿いの川に転落し、対向車の運転者B氏は死亡した。

裁判経過と弁護活動の概要

弁護を受任する
　私がまだ駆け出しの時期に経験した事件である。弁護士登録から1年が過ぎた2011年1月、国選事件の配点を受けられるようになって半年ほどした頃であった。当時は1人あたりの事件配点数が多く、新人でも数件は経験していたが、それらはいずれも被告人が公訴

事実を認めている比較的簡易な事件ばかりであった。

　在宅事件（身柄が拘束されていない事件）の国選事件は罪名が比較的軽微なものが多い。しかしこのとき私に渡された事件の罪名は業務上過失致死で（2007年の法改正で、自動車の運転で人を死亡させると過失運転致死罪になった）、事件発生から5年が経過しており、起訴からも1か月以上が経過しているなどイレギュラーなことばかりであった。人が亡くなっている事件というだけでも荷が重かったが、何か大変なことが待っているような予感がした。

最初の疑問

　早速A氏と連絡をとったところ、A氏はまっさきに自らの過失を否定した。起訴状にはA氏が自車を対向車線に進出させたことが事故の原因と書かれていたが、A氏は対向車線をはみ出してきたのは相手の方だと言う。私にとって初めての否認事件であった。事故から5年近くも経って起訴された理由は何かと尋ねたが、A氏もわからないと言う。A氏は、事故の処理はとっくに終わったと思っていたら突然起訴されてしまい、訳がわからないという様子だった。

　A氏と最初に電話で話したとき、A氏の話に私は疑問を持った。A氏は、相手の車両が中央線を超えてきたから避けようと右にハンドルを切ったと述べたが、私は、自らの乏しい運転経験の中で考えて、対向車が膨らんできたら普通は左に切るのではないか、少しおかしい、事実は違うのかもしれないと疑った。

　しかしその後、実際にA氏に会って話を聞くと、A氏は、左側には大型車を避けられるスペースがなく、また急制動をかけると横転するなどしてかえって危険だと考え、急遽スペースのあった右にハンドルを切ったと説明した。A氏の説明は不自然ではないように思えたし、話をする様子は嘘をついているようには見えなかった。

　そうは言っても、交通事故は一瞬の出来事である。事故のショックで記憶が抜け落ちたり、混乱して勘違いしたりすることは珍しくない。A氏は、B車が中央線を超えてきたのを見てハンドルを右に切ったと繰り返し言ったが、衝突地点やB車を確認した地点などの説明は曖昧で、質問の仕方を変えれば答えが変わった。また、A氏は事故の衝撃でしばらく意識を失っていたとのことで、事故直後の状況はまったくわからなかった。

　私は、起訴されている以上、専門家の分析証拠が揃っているはずで、素人の自分に何ができるのだろうと不安を感じながら、とにかくA氏の話を信じたうえで証拠を見ることにした。当時の私は、実際の実況見分調書や鑑定書を見たこともなく、科学的捜査や専門家に対し世間一般の人が持つのと同じような信頼を抱いていたように思う。

　しかし、謄写した記録をみてその信頼は大きく揺らいだ。検察官からは、A氏の供述の変遷に対応するため、日野正治氏と山崎俊一氏という2人の鑑定人が作成した鑑定書の証拠調べ請求がされており、「日野鑑定」に基づいて「山崎鑑定」が作られていた。

　すなわち、A氏は、当初、取調べに対し、衝突地点は自分の走行車線内だと思うと言っていたが、日野鑑定は衝突地点をB氏車両の走行車線内とした。捜査段階で日野鑑定を告げられたA氏が、衝突地点はB氏車両走行車線かも知れないと供述を変えたことから、こ

第1章　正面衝突　対向車線に進入したのはどちらか

の供述を検証する山崎鑑定が行われた。山崎鑑定は日野鑑定が結論づけた衝突地点を前提として、A氏の実況見分での指示説明（B車両を発見した地点、ハンドルを切った地点等）について、A氏が指示する地点でハンドルを操作しても日野鑑定の衝突地点で衝突はしないのでA氏の説明は信用できないと結論づけた。

　自動車を運転する人間であれば誰でもわかると思うが、時速数十キロの速度で運転しているさなかに、特定の運転操作をした時の自車の位置やその時の他車両の位置などを明確に特定することは不可能に近い。A氏の供述で重要なのは、「相手の車両が中央線を超えるのを確認して右転把したが衝突してしまった」ということである。このA氏の供述を否定するには、最低限A車とB氏車両の視認状況やハンドル転把地点が異なる可能性の検討などが必要だと思われるのに、日野鑑定も山崎鑑定もそのような分析を一切行っていなかった。

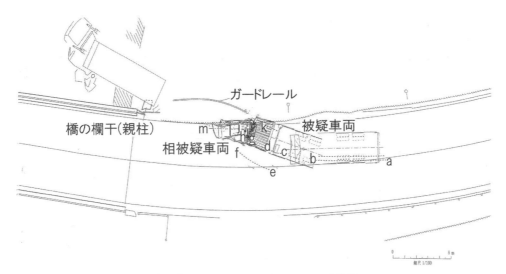

【図1】　日野・山崎両鑑定人による衝突状況

　日野鑑定書添付の衝突時の車両位置関係図（図1）を見たときにも強い違和感を覚えた。理系的素養に乏しい私でもこの図に記載されたB氏車両の状態には首を捻った。同図によればB氏車両の正面がA車に、左側面がガードレールに接触して変形している。この図を前提とすると衝突と同時にB氏車両には前方からの力だけではなく横への動きが加わったことになるはずである。しかし本件では、B氏車両と衝突した車両はA車しかなく、A車との衝突以外に外力が加わる要素はない。いくら考えても車両の前方と側方が同時につぶれる事故態様は想像できなかった。

　また、この図ではわかりづらいが、鑑定書には、B氏車両の左後部のクォータパネルに斜めに押し込まれた痕跡があると記載されていた。B氏車両は後ろから尻餅をつくように川に落ちたため、この痕跡は川に墜落してできたものとは考え難かったが、いつどのようにしてできたのか鑑定書には書かれていなかった。B氏車両の破損状況からは、衝突から川に転落するまでの間にB氏車両が左側面をガードレールで擦り、左後部を斜めに衝突さ

117

せる動きが確実にあったはずなのに、検察官提出の証拠にはそのことに関する説明はまったく見当たらなかった。

2つの鑑定書のいう事故態様に対する自分の違和感は揺るがなかったが、素人の確信では有効な反論まではなかなかできない。周囲の先輩弁護士にも相談したりしたが、事故から5年近くも経過していて現場の証拠保全もされておらずA氏には独自に鑑定を依頼する資力もなかった。法テラスに相談したが鑑定費用は出せないと言われ、途方に暮れた。

裁判が始まる

先がはっきり見えないまま第1回公判（2011年2月23日）を迎えた。A氏とともに法廷に行くと、傍聴席はB氏の遺族とその関係者で埋め尽くされていた。本件はB氏の妻が被害者参加をしていた。A氏の説明を聞いて、事故直後は遺族らもB氏の中央線オーバーが事故の原因だと思っていたらしい。しかし、真逆の鑑定結果を聞かされたことからA氏は亡くなったB氏に責任を被せようとしたと考えるようになり、時間の経過は遺族感情をこじらせた。法廷は異様な雰囲気であった。

突き刺さる視線の厳しさを感じながら、それでも罪状認否では被告人は無罪だとはっきり述べた。証拠調べに対する意見については、直前まで悩みに悩んだ末、実況見分調書添付交通事故現場見取図、指示説明、乙号証の現場指示該当部分、遺族の調書の一部を取り調べ不同意とし、2つの鑑定書については意見を留保し、それ以外の書証は同意とした。

当日までにA氏と何度も打ち合わせをした。誰しも法廷では緊張するものだが、A氏も法廷で余裕を持って供述できるタイプの方ではなかった。被告人質問の量を増やすことはかえって不利になると考え、否認事件のセオリーを無視して、被告人供述を中心にできるだけ同意することにした。衝突地点等に関するA氏の供述には変遷があったが、「B車が中央線を超えてきたので自分はハンドルを右に切った」という点は一貫していたことも同意をした理由だった。

鑑定書に対する意見を留保したのは、このとき弁護側は独自の鑑定を実施する見込みがなく、鑑定人の尋問材料を揃える自信がなかったことによる。理系出身の知人に相談してどうにもならなかったら、鑑定書が前提としている被告人の捜査段階における供述（ハンドルを操作した地点やお互いの車両の位置等）の信用性を否定することにより、鑑定書は「B車が中央線を超えてきたので、同車との衝突を避けようとしてハンドルを切った」というA氏の主張を検討していないことに批判の的を絞る考えでいた。また、同意しなければ鑑定人が法廷に呼ばれ、内容をよく理解しないまま尋問に入れば鑑定書の説明不足を法廷で補わせるだけになるのではないかと恐れる気持ちもあった。そこで弁護方針が定まるまで鑑定書に対する意見を留保したのであった。

審理が終了しても遺族たちは法廷の外で私たちが出てくるのを待ち構えていたため、私とA氏は法廷の裏口から出なければならなかった。以後、判決公判まで私たちはずっと裏口退出を続けることとなる。遺族が置かれた状況を思えば仕方がないと思いつつも、判決も出ていないうちから逃げるようにしなければならないことに釈然としないものを感じた。

2人弁護態勢に

　第1回公判期日が終了した後、私は到底1人では手に負えないと思い、事務所の先輩（当時）の吉川尚志弁護士の内諾を得て、弁護士会の刑事弁護センターに弁護人の複数選任を申し入れた。大変な事件だから当然推薦は出るものと考えていたが、刑弁センターの回答は複数選任の推薦は難しいということだった。

　公訴事実を正面から争い鑑定を争う事件で、人が亡くなり遺族の被害者参加もされているというのに、弁護士会が複数選任の必要性がないと考えたことが信じられなかった。5年目の弁護士と2年目の弁護士が組んでもという意見がセンターにあったと聞き、だったら刑弁センターの判断で経験ある弁護士をつけてほしいと伝えたが、そもそも複数は不要という見解だった。現場の視認状況の確認も1人では難しく、無罪かもしれない人が自分の力不足で有罪になったらどうしようと思い悩んだ。あの法廷に1人で立ち続ける重責と不安で押しつぶされそうになった。

　状況を心配した刑弁センターの先生が、個人的に裁判所に打診してくれた。すると裁判所はあっさり複数選任を認めると言ってくれたらしく、無事弁護士会の推薦が貰えて結局吉川弁護士が2人目の弁護人として選任された。刑弁センターの先生から「担当裁判官が弁護人1人は大変だから認めると言っていた」と連絡を貰ったときのほっとした気持ちは忘れられない。

　千葉地裁は成田空港を抱える関係で覚せい剤がらみの裁判員対象事件が多い。複数選任事件のほとんどは裁判員対象事件である。しかし、えん罪を防止するためには、罪名罪種にこだわらず否認事件について弁護人が望んだときには原則として複数選任にすべきだろう。この事件の後にも、裁判員対象ではない否認事件で弁護士会が複数選任に難色を示し、私がまず裁判所を説得することで複数選任を認めて貰ったことがあったし、その逆に弁護士会は認めたが裁判所が認めないこともあった。孤独から国選弁護人を救うことがえん罪の防止には必須であると思う。

科学的視点を深める

　先に述べたとおり、日野鑑定の言う衝突状況には最初から疑問を懐いた。日野鑑定の要は「ガウジ痕（gouge痕）」と呼ばれる痕跡を根拠として特定したA車両とB車両の衝突地点であった。この点さえ崩せば日野鑑定と山崎鑑定は崩せる。吉川弁護士と2人で裁判例や専門文献を漁る日々が始まった。吉川弁護士も私もガウジ痕という用語自体、初めて耳にするものであった。

　ガウジ痕というのは車底部の金属などの硬性部分が路面に食い込んで形成する溝状のえぐり痕のことである。車両と車両の正面衝突や出会い頭の事故のように、衝撃が大きく車体が激しく変形する事故でしばしば見られるため、ガウジ痕の印象地点が両車両の衝突地点とされることが多いようであった。

第3編　事例研究

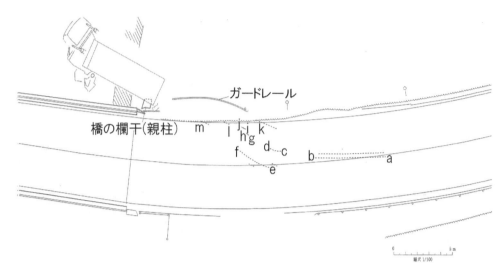

【図2】　現場に残された痕跡

- ａｂ：ダブルのタイヤ痕、右にやや湾曲した直線状の痕跡2本、中央線上では比較的鮮明に印象され、縦方向の筋模様が形成されている
- ｃｄ：ダブルのタイヤ痕、長手方向に線状に2本印象。
- ｅｆ：タイヤ痕、右に湾曲、中央線からB側車線にかけて鮮明に印象、痕跡中央の長手方向に一本の白抜きされた部分が形成されており、A車両のタイヤ幅よりも印象幅が狭い
- ｇｈ：ガウジ痕
- ｉｊ：ガウジ痕、2本の痕跡で構成
- ｋ　：タイヤ痕、外側線上に印象
- ｌ　：タイヤ痕、外側線上に印象、長手方向に数条の白抜きされた部分が形成　同痕跡の脇の草地には轍が形成
- ｍ　：タイヤ痕、外側線上に印象、長手方向に対してわずかに斜行

　事故後に作成された現場状況図等（図2）によれば、本件では、ｇｈとｉｊの2条のガウジ痕が残されていたが、日野鑑定・山崎鑑定のいずれも、これらのガウジ痕はA車との衝突によりB車の車底部が路面に押しつけられて印象したものであるとして、ガウジ痕の印象地点付近を衝突地点と結論づけていた。
　私たちは、ｇｈとｉｊはそもそもガウジ痕と言えないのではないかということも考えたが、実物を確認することができない以上、明確に否定する材料がない。そこで本件でA車とB車の衝突以外にガウジ痕が印象される可能性がないかを検討することにした。
　車両同士が衝突しても、変形の仕方等により衝突地点にガウジ痕が印象されないことは珍しくない。車両同士の衝突で現場にガウジ痕がない裁判例は比較的簡単に見つけられた。しかし、車両同士の衝突以外の原因でガウジ痕が印象された例は見つからなかった。ガウ

ジ痕は通常、最大変形時すなわち衝突の力が路面の抵抗と均衡して車両が停止する時に印象されるもので、車両が移動する際に路面に印象する擦過痕とは異なる。衝突と同程度の強い衝撃が車両に加わらないとガウジ痕は印象されないのではないか。裁判例や学術書を探す日々の中、吉川弁護士がガウジ痕はB車がA車と衝突した後にガードレールに衝突した時に印象されたのではないかと考えた。ガウジ痕が印象されておかしくない大きな衝突が2度あったのではないかという着眼点だった。

　後述のとおり、弁護側鑑定の内容は吉川弁護士の着想を肯定するもので、最初にこの鑑定の概要を聞いたとき、吉川弁護士は「おれの考えた通りだ！」とたいへん喜んでいた。文系出身の弁護人2人がいろいろ考えても科学的で論理的な反論は容易に思いつけなかったが、一緒に考えてくれる人がいるということは孤独の中で悩んでいた当初とは天地の差を感じた。検察官の立証を覆したいという闘争心が溢れてきた。

弁護側鑑定の依頼へ

　第1回公判と第2回公判の間ころだったろうか、同じ千葉県弁護士会の弁護士から、B氏の遺族と事故当時のA氏の勤務先会社の間の民事訴訟で、会社側の代理人をしているとの連絡を受けた。検察側の鑑定書には疑問があるのだが反対立証の鑑定費用がなくて困っていると告げたところ、民事事件の審理は刑事事件の結論待ちで中断しており、民事訴訟に役立つのならA氏勤務先の加入保険会社が刑事弁護の鑑定費用を出してくれるかもしれないとのことであった。一筋の光明が差した感じであった。

　その経過を経て松下智康先生に出会った。松下先生は、日野鑑定と山崎鑑定を見てこれは酷いと評され、弁護側の鑑定を引き受けていただけることになった。松下先生の鑑定（「松下鑑定」）がなく、検察側鑑定の不合理を的確に指摘できなかったら、この事件は確実に有罪の判決が下されていた。専門家の見解が重視される事案で弁護側が独自に専門家の意見を聞けないことになれば、事実上防御の手段が奪われるに等しい。被告人の防御権を保障するのなら、刑事弁護人が実効的な弁護活動を行える手段を確保することが必然的に求められると思う。

警察官の尋問と被告人質問に

　裁判官は早い段階から、本件は供述ではなく、客観的な証拠で判断すべきケースと捉えていた。

　第2回公判（2011年4月27日）では、実況見分調書を作成した警察官2名の尋問が行われた（実況見分調書も鑑定と同様2通作成されていた）。この反対尋問によって、A氏が当初「わからない、特定できない」と言っていた衝突地点やB車の確認地点を警察官に誘導されて説明したことが明らかになり、A氏の供述変遷は警察官によって作られたものであることが明らかになった。

　第3回公判（同年6月17日）では、裁判所の要望で1回目の被告人質問が実施された。裁判所からは「被告人は事故前後の記憶がほとんどなく、衝突地点等の特定は警察の誘導であることは明らかだから、先に被告人質問をしても問題はないだろう」という趣旨のこ

とを言われたため、これに同意した。

　覚悟はしていたが、A氏は弁護人と検察官の同じ質問に「覚えている」と言ったり「覚えていない」と答えたり、「はい」と言うべきときに「いいえ」と答えたり、緊張のあまりその供述はかなり無残なものになってしまった。しかし、裁判官は気にとめる様子もなく補充質問もしなかった。裁判官は事故の前後についてのA氏の記憶が曖昧であることを確認できれば十分と考えていたように見えた。

弁護側鑑定意見が舞台に

　松下先生に意見書を書いていただくための準備が始まった。まず、松下先生から意見書のドラフトを受け取った後、疑問点を確認したり裁判所にわかりやすいように説明を書き加えたりするための打ち合わせをしたほか、メールや電話で何度もやりとりをした。

　物理法則は、専門家には自明のことでも素人には説明して貰わないとわからないことが多かった。私は、異なる用語が同趣旨で使われているときは統一したり、文献と鑑定書の用語をつないだりして、素人が読んでも理解しやすい意見書にするために、疑問に思ったり思いついたりしたことは何でも先生にお伝えした。例えば、衝突後のB車の動きについて、私は当初オフセット衝突のメカニズムがわからず、B車の後部が時計回りに回転する動きが理解できなかったが、模型を使って説明していただいたことでよく理解できた。そこで、その原理や本件でそれが生じる理由を鑑定書に記載して貰い、表現は素人にもわかるように修正をお願いした。

　専門家証人の知見がいくら正しくても、裁判所に理解されなければ意味がない。裁判所に理解される形に加工するのが弁護士の役割である。本件に関する松下鑑定の内容を私がすべて理解できた訳ではなく、すべての疑問が松下鑑定で解決したわけでもないとは思うが、それでも現場に残された痕跡に関する松下先生の説明は、私にとっては日野鑑定や山崎鑑定よりもはるかに説得的であった。何とか裁判所にこの鑑定の内容を理解してほしいと思い、頑張った。松下先生に一番感謝していることは、素人の私たちの疑問に苛立つこともなく、丁寧に説明して下さったことである。慌ただしくメールで大量の質問を送り、回答をお願いしたこともあったが、すぐに返事を下さり、納得がいくまで意見書の内容を検討できた。

科学証人に対する尋問

　検察側の鑑定書も弁護人側の鑑定意見書も、お互いに証拠調べ請求に対する意見を留保したまま進行していたが、裁判所から、検察・弁護双方に、証人尋問前に読み込んでおきたいので、それぞれ相手の鑑定書（意見書）の証拠調べに同意してほしいと要望された。前提となる鑑定判断を知らないまま当日いきなり尋問と証言を聞かされても鑑定人の知見を理解し難いというのは当然であった。検察・弁護とも裁判所の要請に応え、同意することになった。

　鑑定人らに対する尋問は、第5回公判期日（同年10月18日）、日野、山崎、松下の3氏を1期日で実施することになった。日野主尋問→山崎主尋問→松下主尋問→休廷→日野反

対尋問→山崎反対尋問→松下反対尋問→それぞれの再主尋問及び裁判所の補充尋問という順序である。主尋問をまとめて実施し、その後に反対尋問をまとめて実施するという方法は松下先生や民事訴訟の代理人のアドバイスによるものであったが、検察官からも裁判所からも異議は出なかった。

　尋問は、午前10時に始まり、1時間の休廷をはさんで、すべてが終了したのは午後7時であった。裁判員裁判では実施が困難な尋問方式と尋問時間である。しかし、この尋問のやり方は鑑定人意見の対立点を浮かび上がらせ、それぞれの主張を比較するのに非常に有効であった。それぞれの主尋問では、自分の鑑定内容の説明だけでなく相手の見解に対する批判や反論も行い、その後の反対尋問では主尋問で加えられた批判に対する反論を展開するので、あたかも直接議論をしているような効果を得ることができた。

本件の争点と鑑定内容

争点と鑑定内容

　これまで裁判経過と弁護活動の概要を中心に説明してきた。ここで本件の争点に関する説明をする。

　本件の争点はA氏の過失の有無であった。そしてその有無を判断するにあたり、A車とB車の衝突状況が問題になった。検察官は、A車がB車走行車線に進入したために衝突したと主張していたが、この主張を裏付ける「日野鑑定」と「山崎鑑定」は、いずれも衝突状況は図1のとおりであり、衝突地点がg付近であるとしていた。両鑑定によれば、A車は中央線を超えてB車の走行車線を走行していてこの事故を起こしたことになり、それは

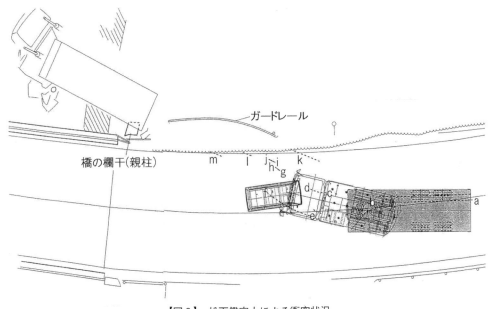

【図3】　松下鑑定人による衝突状況

A氏の供述と矛盾するものであった。

　一方、松下鑑定は、A車とB車の（1次）衝突状況は「図3」のとおりで、衝突地点はタイヤ痕ｅｆのほぼ中央から北東側へ約1ｍの地点、その衝突の後にB車はA車に押し戻されながらガードレールに（2次）衝突し、そこで2条のガウジ痕が印象されたというものであった。松下鑑定によれば、A氏が危険を感じた地点において、A車は同車両がもともと走行していた車線内をそのまま走行していたことになり、A氏の供述する事故状況とほぼ一致する。こうして争点は、衝突地点がｇ付近か否かという点に絞られた。

日野鑑定を解剖する

　日野鑑定はガウジ痕の印象地点が衝突地点であるという結論ありきで説明を展開した結果、物理法則や自動車工学上の常識を無視し、重大な矛盾や問題点を多くはらむものになっていた。弁護側が松下鑑定人の助言を参考に指摘した問題点は以下のとおりである（山崎鑑定は日野鑑定を文字どおりなぞるだけのもので、日野鑑定と山崎鑑定の問題点はほぼ共通していた）。

　①　日野鑑定によれば、A車は衝突前のハンドル操作によりトラクタとトレーラが20度の屈曲角度を生じたことになるが、時速40kmで前輪を20度操舵してもトラクタとトレーラの屈曲角度は20度にならない（ハンドルの回転角は前輪舵角の20倍なので、20度の屈曲角度を生じるにはハンドルを約400度回す必要がある）。また、それだけ急旋回すればタイヤの横滑り痕が印象されてよいのに、そのような痕跡はない。

　②　A氏がB車側車線に進入走行していたなら、空いている左側（A車側車線）ではなく右側にハンドルを操作するのは不自然である。

　③　タイヤ痕ａｂはA車が右旋回中であることを示すスリップ痕であるところ、旋回中のスリップ痕は一般に内側輪によって生成されるのに、トレーラ外側輪（左輪）によって生成されたというのは不合理である。

　④　トレーラの動きはトラクタに追随するのに、衝突後トレーラのみ著しく外側（左）に振られているのは不合理である。

　⑤　トレーラ左側のタイヤ痕ａｂと同車両トラクタ左側のダブルタイヤのタイヤ痕ｃｄに内輪差が生じておらず、後輪のタイヤ痕が前輪のタイヤ痕の外側を通っているのはおかしい。

　⑥　衝突後、B車が並行移動していて、タイヤ痕ｍ、ガウジ痕ｉｊ、ｇｈの印象方向と合致しない。

　⑦　B車の損傷は、ガードレールに対する同車両の入力方向が車両の左斜め後方からだったことを示しているが、日野鑑定のいう衝突状況では左斜め後方からの損傷は生じない。

第1章　正面衝突　対向車線に進入したのはどちらか

松下鑑定のポイント

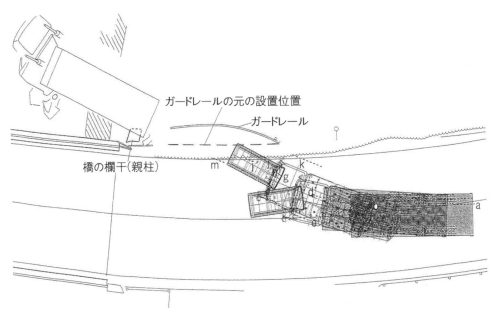

【図4】　松下鑑定人による被告人車の二次衝突の状況

　松下鑑定は、日野鑑定に対する批判のほかに以下のことに触れていた。
　①　タイヤ痕ａｂは、Ａ車が右旋回中に急ブレーキをかけた際に印象されたものと考えられ、この場合内側輪の後輪のタイヤ痕が一番印象されやすい。またトレーラ右後輪が印象した可能性の高いタイヤ痕ｋとの内輪差を考慮すると、ａｂはトラクタ右後後輪によるものと考えられる。
　②　タイヤ痕ｅｆは、中央線から対向車線にかけて湾曲し、通常の走行では印象されない痕跡であることを考慮すると、本件事故によって生成された可能性が高い。タイヤ痕ａｂの終端部にＡ車のトラクタ右後後輪に重ねると、トラクタ左前輪がタイヤ痕ｅｆに重なる。タイヤ痕ｅｆはトラクタ左前輪によって印象されたコーナリング痕（横滑り痕）の初期段階と考えられる。コーナリング痕の初期段階では遠心力によって実際のタイヤ幅より狭い幅員のタイヤ痕が印象される。また、同タイヤ痕の真ん中の白抜き状態はタイヤのトレッドによるものと推測される。
　③　ガウジ痕ｇｈ、ｉｊは、ガードレールへの２次衝突時に生成されたものである。１次衝突によりＢ車はＡ車前部に潜りこんだまま、やや時計回り方向に振られながら押し戻され、左後角部からガードレールに衝突し、ガードレールとＡ車に挟まれた。この２次衝突でＢ車はＡ車への潜り込み量を増大させてガウジ痕が生成された。

法廷における論争は
　実際に裁判所が注目し、弁護人・検察官が立証に力を注いだ論点は、弁護側主張の事故

状況において、①ガウジ痕が１次衝突で生成されずに２次衝突で生成されることがあるのか、②タイヤ痕ｅｆはＡ車のコーナリング痕と言えるかどうかの２点であった。

①について、検察官とその鑑定人らは、弁護人の主張する事故状況だとすれば、１次衝突の方が２次衝突よりも衝突のエネルギーが大きいから１次衝突にガウジ痕がないのはおかしいとし、弁護人主張地点での衝突はなかったと強硬に主張した。もっともその主張を支える具体的な根拠は示さなかった。弁護側は、ガウジ痕の生成に直接影響するのは車両の変形量と変形方向であるとし、Ｂ車の変形量を比べれば１次衝突時よりも２次衝突時の方が大きいことは明らかであるから、ガウジ痕が１次衝突で印象されず２次衝突で印象されても不自然ではないと反論した。山崎氏は、尋問の際に、「正面衝突をすればガウジ痕は必ず生成される」と事実に反する証言を繰り返したため、弁護側としてはこれで十分に立証できたと思った。

②のタイヤ痕ｅｆについて、検察側はタイヤ痕の長手方向の１本の白抜き部分を理由にこれは急制動痕であると主張した。そして、急制動痕ではタイヤの接地面の幅が目一杯路面につくから、Ａ車のトラクタ前輪でｅｆのような細いタイヤ痕が印象されることはないとし、弁護側が主張するコーナリング痕なら、縦溝が進行方向に印象されることはなく、旋回外側に遠心力が働くから外側が濃く印象されるはずなのにタイヤ痕ｅｆにはその痕跡が見られないとしてその可能性を否定した。しかし、いずれの主張にも文献などの裏付けはなかった。山崎鑑定人は自身の主張について「自分はタイヤ痕分析を専門とする」などと述べるだけであった。

判決に向かう

裁判所の要望

尋問で決着がついたと感じていた弁護人に、裁判所からガウジ痕とタイヤ痕に関する資料や文献があれば提出してほしいという要望があった。しかし、ガウジ痕を説明するきちんとした文献はなかなか見つからず、結局、ガウジ痕に関する基本的な知識が書かれた文献を提出したり、衝突エネルギーが大きかったと推定される事故でガウジ痕がなかった裁判例などを提出したりするのが精一杯だった。

裁判官が最後まで気にしていたと思われるのは、タイヤ痕ｅｆの存在であった。Ａ車トラクタ左前輪のようなタイヤで制動しながらカーブをした際にｅｆのように白抜きのタイヤ痕が印象される可能性について確信がほしいようであった。これについても急制動時のコーナリング痕を記述する論文は見当たらなかった。論より証拠ということで、私たちは路面に印象されたタイヤ痕から本件のタイヤ痕に似たものを探して歩いた。たまたま、事務所の近くに車両が左折しかできないスクランブル交差点があり、そこでブレーキをかけながら左折する車両が印象したタイヤ痕はまさに制動時のコーナリング痕であった。横断歩道上なのでタイヤ痕の確認もしやすい。印象されたタイヤ痕にはタイヤ痕ａｂと同じように縦に線がくっきりと入っていた。

私たちはその写真を撮影し、報告書にまとめて取り調べ請求した。しかし検察官が同意しないので、証拠物として取り調べを請求し、採用された。このとき裁判官の迷いが消えたように私たちは感じた。

整理手続の問題点

証拠の提出や採否については多く紛糾し、裁判所や検察官と話し合いを何度も持った。尋問終了後11月から翌年2月までの間に、期日外で4度も打ち合わせをした。今であれば、本件のような事件は公判前整理手続か期日間整理手続に付され、尋問後もだらだらと証拠の提出が続くという事態は起きなかったかもしれない。しかし、証拠の提出を制限されないということは、本件のように最初に見通しがたたない事件では大いに有利であった。整理手続の功罪に気付かされた経験でもあった。

検察の理不尽な抵抗を乗り越えて終結へ

検察官も裁判官も年度末異動が予定され、裁判所からは年度内に判決を出したいので協力してほしいと言われていた。前年11月にはで証人尋問調書もできあがっており、後は文献の提出と2度目の被告人質問、そして被害者の意見陳述を残すのみで、年度内に判決日を余裕で入れられる見通しであった。

ところが、突然、検察官が山崎鑑定人の証人調べ請求を再びすると言い出した。しかし尋問内容に新しいことはないと言うのである。弁護人は、当然却下すべきだと意見を述べたが、裁判所はためらった。おそらく、無罪を言い渡したときの検察官の控訴を見越してのことだと想像したが、弁護人の請求なら間違いなく即座に却下されたであろうことを考えると、裁判所の訴訟指揮に不公平さを感じないではいられなかった。

もっとも裁判所も証人採用までは考えていなかったようで、検察官に山崎氏の追加意見書を出させ、弁護側には松下氏の追加意見書を対応させ、双方同意をしてはどうかと提案してきた。裁判所は無罪の心証を得ているだろうと推測した私たちは、早期判決のために不本意ながら要請に応じることにした。

ところが検察官は、追加山崎意見書を弁護人に開示する前に裁判所に直接ＦＡＸ送信してしまった。裁判所からの連絡でそのことを知った弁護人が検察官に抗議したが、検察官は何がいけないのかと開き直り、それどころか松下氏の追加意見書には同意しないとまで言い出した。さすがに許しがたかった。裁判所は、同意のない証拠については心証から外すからと取りなしたが、私たちは到底承服できず、検察官が弁号証の取り調べに同意しないのなら検事正に正式に抗議すると告げた。

その結果、検察官はようやく弁号証に同意し、これですべての証拠調べが終了した。論告と弁論は別期日にして貰いたいとあらかじめ申し入れて裁判所の了解を得、2012年2月24日に論告、3月2日に弁論を終えた。

弁論要旨は論告の前に完成させていたが、論告要旨を聞いて検察官の主張はくまなく潰しておきたいという考えになった。その結果、弁論要旨の枚数も当初のものを10枚以上増やした。弁論には、松下鑑定で指摘された問題に加え弁護人が気付いた反論も全部書いた。

判決

　判決言い渡しは2012年3月15日になった。事故から実に6年以上、起訴から1年3カ月が経過していた。
　裁判官は、先に理由から読み上げ、最後に小さな声で「裁判所は被告人は無罪であると考えます」と告げた。ついにやったという気持ちと、もっと自信をもってはっきり言ってほしいという気持ちが入り混じった。裁判官が無罪を告げた瞬間、法廷には遺族の怒りの声が響いた。私たちはこの日も裏口から帰ることを余儀なくされた。
　判決は、検察官が控訴を断念し、そのまま確定した。控訴も見据えて判決書の謄写を申請していたが、判決が確定するまで待ってほしいと言われ、判決確定後に完成したと連絡が入った。判決文は、論告や弁論に比べると比較的あっさりとした印象のものだった。
　判決は、検察官が主張するg付近を衝突地点とすると説明できない事象が多々みられるとした。判決が指摘したポイントはおおむね以下のとおりで、弁護側の主張にほぼ沿ったものであった。
　①　ガウジ痕が存在してもその地点を当然に衝突地点と断定することはできない。タイヤ痕など現場に残された他の痕跡との整合性を考慮する必要がある。
　②　2条のガウジ痕の生成方向とB車の移動方向が整合しない。
　③　A車のトラクタとトレーラの屈曲角度（20度）が通常の走行では起こりえないものであり、異常な走行をした痕跡もない。
　④　A車のトラクタ左側輪で生成されたというタイヤ痕ａｂとトレーラ左側輪で生成されたというタイヤ痕ｃｄで生じるべき内輪差（ａｂがｃｄの内側を通る）が生じておらず、むしろ逆転する状態（ａｂがｃｄの外側を通る）が生じている。
　⑤　タイヤ痕ｅｆがタイヤ痕ａｂよりも鮮明に印象されており、それは通常の走行では印象されない痕跡であり、タイヤ痕ａｂ、ｃｄと同じ方向に向かっていて、松下鑑定でタイヤ幅等の説明が一応つく。その一方、検察官の松下意見に対する指摘は当たらないことから、本件事故と無関係と断じるには疑問が残る。

弁護人としての思い

　本件は、日野鑑定人や山崎鑑定人が専門家として責任をもって対応していれば起訴されなかったケースではないか。
　特に、山崎氏については、2007年5月21日に鑑定を依頼されながら、鑑定書を作成したのは3年以上が経過した2010年7月30日であった。本件の起訴が遅れたのもそのためだろうと考えられた。
　しかも山崎鑑定は日野鑑定をほとんど丸写ししただけであった。鑑定に3年以上も要し

た理由は「忙しいので優先順位の高いものからやっていた」からだと述べ、鑑定による車両の動きが物理法則や自動車工学に合わず現場の状況とも整合しないと指摘されると、「事故の際には（車は）予測できない動きをするものだ」などと証言した。法廷での態度は率直に言って真摯なものとはとても言えなかった。

　２つの問題鑑定がもたらしたマイナスの影響は甚大であった。Ａ氏もＢ氏の遺族も長い間甚だしく不安定な状態に置かれ、苦しみ続けた。Ａ氏は免許と仕事を失い、その人生は大きく変えられた。

　私は、この事件を通じて、一見すると科学的に行われているようにみえる交通事故の捜査が、実際にはいかに杜撰でいい加減なものであるかということを痛感した。検察立証の強引さも裁判所と検察の密着ぶりも嫌というほど実感させられた。

　私はその後も否認事件を何度か担当しているが、相変わらず適当な捜査や起訴を見るにつけ、無罪判決が希少である状況には大きな問題があり、検察官が起訴をすれば有罪になるという現状を変えなければならないという思いは今も変わらない。

　判決言い渡しから７年が過ぎ、当時の４倍近く弁護士としての時間を過ごした。本稿執筆を機会に本件の弁護活動を振り返ってみて、当時の自分たちはよく頑張ったなとあらためて思う。刑事裁判の難しさを知らない分、まっすぐに自分の考える正義を実現しようと努力した。そのことにためらいがなかった。判決言い渡しの前、私は、無罪に決まっていると自信を持っていた。しかし吉川弁護士は、「怖い。期待し過ぎない方がいい」と言っていた。その時私は、内心、何を弱気なと思ったが、今はあのときの先輩の気持ちが痛いほどわかる。

　ドラマでもやっていたが、検察立証をいくら崩しても、「無罪の立証」ができなければ無罪判決が出ないのが刑事裁判の現実である。特に、裁判員裁判が始まってから、判決文は驚くほど短くなり、否認事件に対する有罪判決で弁護側の主張や立証についてろくに検討もしていないことも珍しくなくなった。このようないい加減な事実認定をしていれば誤審やえん罪が生まれるのは必然である。

　もし、今この事件を担当したら、交通事故鑑定の専門家だけでなく、ガードレールなどの道路構造物や建築物の専門家、そして自動車工学などの専門家などにも意見を聞いてみたい。また、当時は今ほど検察官証拠の開示が浸透していなかったこともあって、検察官の手持ち証拠の開示請求をしなかったが（任意開示の請求もしなかったように思う）、今なら当然することになるだろう。

　ただ、結局のところ、法律以外の専門的知識については、何年経っても経験したことがない事件にあたることがある訳で、その時々に必要な知識を新たに学び続けなければならない。そして、弁護人にとって大切なのは被告人の主張を受け止め、目の前の疑問から目をそらさずに向き合うことであって、弁護士２年目でも10年目でもその点に変わりはないと思う。その意味では、刑事裁判の現実を知らされて疲れている今の私より、むしろ負けることを知らなかった当時のおそれ知らずの私の方がいい弁護人と言えるかもしれない。

　なお、裁判体は単独で途中交替はなく、担当は引馬満理子裁判官であった。

著者コメント

非科学鑑定に対する裁判所の姿勢

本件は、どちらの車両の走行車線で衝突が起きたのかをめぐって争われた事件である。交通事故裁判には鑑定分析書面が登場することがあり、本件はその典型例とも言える事件である。批判に耐えない鑑定が登場することも少なくないが、本件はその意味でも典型的な事例と言える。

本件では、弁護人は専門家を味方に引きつけ、鑑定と鑑定の対決という形を作ったが、本件の事例を含め私たちの目に触れる鑑定や鑑定人の信用性はかなり低い。これが鑑定書かと思うようなお粗末な代物が山のように登場している。東京地裁交通部のある裁判官は、私に、「自分は鑑定書というものをあまり信用していない」とはっきり言ったが、遺憾ながらそれはとんでもない暴言ではない。むべなるかなとも思う。

ただし、裁判所が鑑定科学の水準向上に極めて不熱心であることも揺るがぬ事実である。そこには世の交通鑑定の低水準を難じつつ自身も適当な判断に逃げる無責任な姿がある。私はからくも「逃げなかった」裁判所の姿を本件に見て、すこしだけではあるがほっとした。

当事者鑑定の訴訟上の扱い

裁判所は裁判上の鑑定の採用に極めて消極的である。めったなことでは鑑定をやろうとしない。現場で多く問題になるのは、科学捜査研究所や科学警察研究所など警察の分析機関が作成した鑑定書や警察官自身が分析した結果の捜査報告書、そして検察官が委嘱して提出させた鑑定を業とする者の鑑定書などが法廷に登場する。そして、弁護側はこれに対決する弁護側申請の鑑定書があることを裁判所に知らせ、その内容を検察官に開示する。検察官が撤回しなければ、実際にそれらの鑑定分析書面は多く次のような経過を辿って法廷に登場し、裁判所に届くことになる。

①　検察官が取調べ請求証拠として鑑定分析書面を弁護人に開示する。
②　弁護人はその鑑定分析書面に疑問を懐き、これに対決する鑑定書面を準備する。
③　検察官の鑑定分析書面の取調べ請求に弁護人が同意せず、検察官は弁護人の準備した鑑定書面の取調べ請求に同意しない。
④　検察・弁護の双方が文書の成立の真正を証する鑑定人の取調べを請求し、裁判所はそれらの取調べを決定する。
⑤　裁判所は鑑定人の尋問内容の理解の便宜のために鑑定書面の取調べをさせてほしいと検察・弁護に求め、双方はその目的のためならばとこれを承諾する。
⑥　検察・弁護双方の鑑定分析書面が法廷に登場する。
⑦　裁判所は、鑑定人の法廷供述と鑑定書の記述を総合して科学的知見を獲得する。

どこで鑑定の怪しさに気付くか

この事件の弁護人は、日野鑑定や山崎鑑定を見て「強い違和感を覚えた」と言う。弁護人の「直感」は鑑定批判の契機として極めて重要なポイントになる。なんだかおかしいという疑問から山が崩れる（第2編第4章1の〔解析の契機と心構え〕参照。）。

A氏は、当初、衝突地点は自分の走行車線内だと思うと言っていた。しかし日野鑑定は衝突地点をB車走行車線内とした。A氏は捜査段階で日野鑑定を告げられ、衝突地点はB車走行車線かも知れないと供述を変えさせられる。続いて供述変遷を検証する山崎鑑定が行われる。山崎鑑定は日野鑑定の言う衝突地点を前提に、A氏指示地点でハンドルを操作すると日野鑑定の言う衝突地点で衝突しなくなるとしてA氏の説明は信用できないと結論づける。3年余をかけた山崎鑑定の内容は日野鑑定を基本的になぞるだけのものであったという。怠慢を極めた鑑定と怠慢鑑定に依拠する検察。その風景は醜悪である。

鑑定の陥穽

本件にはガウジ痕（gouge痕）が登場する。弁護人によれば、ガウジ痕と断じ得るかどうかも問題だと思われたが、時日の経過から反論の材料が乏しくガウジ痕性を争うことはしなかったという。ガウジ痕を素材に鑑定の陥穽を考える。

「ガウジ」とは、丸のみで彫り込んだ溝のことである。丸のみを対象物に当ててたたき込むと対象物は丸のみの刃の形状を反映して削り込まれる。小学校の授業などで経験した彫刻を思い起こせばよい。車体下部の硬性構造物がアスファルト路面などに強い力で衝突すると、その構造物が彫刻刀の刃の役割を演じ、路面には削り痕が生じることがある。これがガウジ痕と言われる。「擦過痕」も小さなガウジ痕ではないかと言われそうだが違う。擦過痕は路面に接触する物の塗膜部分や構造物部分が路面表層にこすりつけられたものを言う。

どういうときにガウジ痕が生成されるのか。車体下面は車体全体の中では一番道路面に近い部分であるが、言うまでもなく走行中に簡単に路面に接触しないように一定の間隔をとって設計されている（車高をわざと低くして走る改造車両は別論である。）。それにもかかわらずガウジ痕ができるのは、強い外力が働いて車体が大きく変形し、普通なら路面に接触しないはずの車体構造物が路面をえぐるように彫り込む場合である。大きなエネルギーが車体を変形させて下部構造物が路面をえぐる。車体が転倒して車体側面部等の硬性構造物がガウジ痕を生じさせることもあるが、多くは車体下部の硬性構造物に起因する。

その典型例が対向走行車両どうしの正面衝突時に生じるガウジ痕である。ガウジ痕を探して中央線のどちら側で衝突が起きたのかを判定するのは、対面衝突事故の事件捜査の基本常識とも言える。従って、「ガウジ痕事件」の着目点は、その痕跡は本当にガウジ痕かということと、強力な外力が働く機会はほかには考えられないかということである。ガウジ痕とは言えないかも知れないのにガウジ痕と決めつけたり、ガウジ痕地点衝突論に凝り固まり強い外力が作用する可能性が他にもあることを無視したりするところに陥穽がひそむ。

被害者の二度使い

　私は、刑事裁判への被害者参加自体に強く反対する意見を持っているが、とりわけ無罪を争う事件への被害者参加ほど刑事司法の基本構造を破壊する仕組みはないと思う。

　無罪を争うというのは、弁護の立場から捜査当局の捜査に誤りがあり、この事件は本来起訴してはいけない事件だったと主張することである。捜査の結論に間違いがあったかどうかを判定する場に、捜査は正しかったという主張を当然の前提として被告人に厳しい処罰を求める被害者を並ばせてその主張をさせるということは、刑事裁判手続きを根底から崩す暴挙というほかない。

　この理屈は、多少とも刑事訴訟法学を学んだ者には常識中の常識であるはずだが、この国の刑事裁判に被害者参加が登場してこの方、裁判所も検察官もそして弁護士さえもがこの方式を受け入れる姿勢をとっていることは嘆かわしい。

　長く交通事故事件の被害者の権利を守り、その主張を代弁している私であるが、常々交通事故の被害者がその権利を正しく擁護されていない現状には目を覆うものがあると考えている。一家の大黒柱を失った遺族や生涯後遺障害に苦しむ事故被害者の多くの生活は困難・困窮を極めている。交通事故の損害賠償に限ってみても、適切に行われているとは到底言えない。保険会社の専断には目に余るものがあり、この国の司法も行政も本当に被害者に貢献する役割を果たしているかと言えば、その向く方向は真逆である。なすべき国策はそういう被害者対応の画期的・総懺悔的な向上のはずである。

　その状況の下で、被害者の刑事裁判参加だけにはこの国は異様に力を入れ、進んで法改正に及んだ。そして、現場では裁判官は無罪の言い渡しにも及び腰になった。大切なことがないがしろにされ、間違った対応が推進されている。

　現実には、ほとんどの被害者は現実の刑事裁判に参加していない。当たり前の結果であろう。「被害者ご遺族が刑事裁判公判に参加することにいったいどのような意味・甲斐があるのだろうか」。私は、ある刑事裁判の弁護人席からそのような言葉を被害者のご遺族に投げかけたことがある。被害に苦しむ被害者を被害者参加という欺瞞の仕組みに誘うことは、この国の犯罪被害者政策の誤りの隠蔽に被害者を再び動員するという二重の誤りを犯すものであると思う。

第2章
回避できたか　交差点直進車両の横断者衝突

岐阜県弁護士会　和田　恵

相談を受ける

　2014年11月、C氏の父親から、「息子がひき逃げをして逮捕された」との連絡があり、事務所でC氏の弁護を引き受けることになった。当初担当した弁護士がC氏に接見した時、C氏は「走行速度は時速50kmくらいだった。対向車線は混んでいて車の間からDさんが出てきたと思う」などと述べていたらしい。過失の程度や示談できるかどうかなど、情状弁護が中心になると思われたので、担当した弁護士はDさんの遺族への謝罪や保険請求手続きの手伝いを申し出た。そういうところからこの事件の弁護活動が始まった。

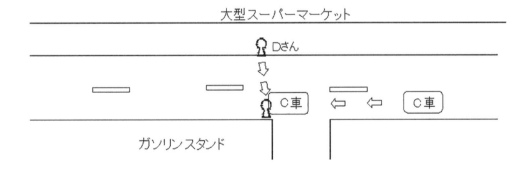

検察官の主張

　2014年12月、C氏は起訴され、私がこの事件の刑事弁護を担当することになった。公訴事実は次のとおりだった。

被告人は

第1　2014年11月17日午後6時1分頃、普通乗用自動車を運転し、岐阜市□町□丁目□番地先の交通整理の行われていない丁字路交差点を早田大通方面から近島方面へ向かい直進するに当たり、同所は道路標識によりその最高速度が40キロメートル毎時と指定された場所であったから、同最高速度を遵守するはもとより、前方左右を注視し、進路の安全を確認しながら進行すべき自動車運転上の注意義務があるのにこれを怠り、左方道路から来る車両の有無に気を取られ、前方左右を十分注視せず、進路の安全確認不十分のまま漫然時速約50キロメートルで進行した過失により、折から同交差点出口付近を右方から左方へ向かい小走りで歩行横断中のD（当時84歳）を至近距離に至ってようやく認めたが、急制動の措置を講じる間もなく、同人に自車左前部を衝突させて路上に転倒させ、よって、同人に重症頭部外傷等の傷害を負わせ、同日午後8時42分頃、同市□番□病院において、同人を上記重症頭部外傷により死亡させ、

第2　上記日時場所において、上記普通乗用自動車を運転中、上記のとおり、上記Dに傷害を負わせる交通事故を起こし、もって自己の運転に起因して人に傷害を負わせたのに、直ちに車両の運転を停止して同人を救護する等必要な措置を講じず、かつ、その事故発生の日時及び場所等法律に定める事項を直ちに最寄りの警察署の警察官に報告しなかった

ものである。

　捜査記録を検討しないと事故状況はよくわからない。ただ、丁字路交差点付近で左方道路からくる車両の有無に気を取られたことが前方注視義務違反になるというのは、運転者にはやや酷ではないかというのが公訴事実を読んだときの私の率直な感想だった。

捜査記録を検討する

　前担当者の接見記録やC氏からの聴取により、片側一車線の直進道路を走っていたC氏運転車両（以下、「C車両」という）の対向車線は当時走行車両が密に連なっており、C氏はその車両の間からDさんが飛び出してきたという認識でいることがわかった。また、C氏はメーター表示を見ておらず、時速30〜50kmで走っていたと思っているということであった。

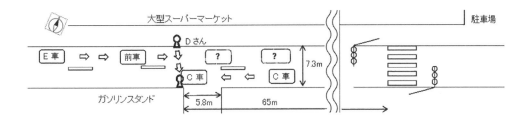

　しかし、実況見分調書では、Dさんは対向走行車両の直前（車両のC氏側）を横断しているものの、そのさらに前を走行していた車両はなく、C氏の見通しを妨げたり運転操作に影響を及ぼしたりするものは何もないように書かれており、C車両の走行速度は時速50kmになっていた。一方、本件事故時に雨は上がっていたものの道路はまだ湿潤しており、Dさんは身長154cmの比較的小柄な女性で、上下とも黒っぽい服を着て黒い靴を履いており、視認しにくい状態であったことが明らかになっていた。

　それだけでなく、C氏の視認状況を確認する実況見分において、C氏は、衝突2秒前（検察官の主張する結果回避可能位置）には、（Dさんに擬して路上に立つ捜査員＝仮想Dさんが）「なんとか見える状態」で、衝突1秒前には「良く見える状態」と説明していたものの、マニュアルモードで撮影した実況見分調書添付写真を見ると、どちらの地点でもよく見えない状態であった（正確に言えば、C氏が「良く見える」と説明した衝突1秒前の方が見えにくかった）。

衝突2秒前の位置から、仮想Dさんを撮影した写真（31.6m手前）の再現。原本は、ライトを点けた対向車が配置されて、地面にライトが反射していた。

衝突1秒前の位置から、仮想Dさんを撮影した写真（16.5m手前）の再現。原本は、ライトを点けた対向車が配置されていたが、画像が暗く、地面へのライトの反射はなかった。

　蒸発現象（自車の前照灯の光と対向車の前照灯の光が交錯すると、横断歩行者が見えにくくなる現象）のためか画質の悪さのためかはっきりしないが、写真からは仮想Dさんの姿はほとんど見えない。

　絞り値は記載されていないが、衝突2秒前の写真とは画像の明るさが明らかに異なる（レンズに取り込む光量を多くすると背景がぼやけ、絞ると背景のぼやけが小さくなる）。対向車の前照灯の反射は気にならないが、それでも仮想Dさんの姿は見えない。

第3編　事例研究

　対向車の後方から走行してきた車両（同車両の運転者E氏が後に目撃証人として登場する。以下、この車両を「E車両」という）がドライブレコーダー（以下、「DR」という）を搭載していたことが判明した。DRの画像は画質が悪かったのであまり重視せず、カラーコピーもとらなかったが、とりあえず開示を求めた。検察官もDRを重視していなかったらしく、DRの画像を添付した捜査報告書の立証趣旨は「被害者の被害時の経路等」というものであった。

　なお、DR画像は諸状況を考慮してイラストで表示する。理解がやや困難な画像であることについて、了解されたい。

捜査報告書に添付されたDR画像のイラスト（□は被害者を示す）

方針を決める

　C氏は、「Dさんがちゃんと横断歩道を渡ってくれていたらよかったのに」と言う程度で、自分には絶対に不注意はないとか何としても無罪を言いたいというほどの姿勢ではなかった。私にはこのまま公訴事実を認め、情状弁護を行うという方針もあり得た。しかし、対向車線上の車の間から飛び出してきた事故だというC氏の言い分も無視できないという状況だった。

　C氏の言い分を前提に主張を組み立てるべきかどうか悩んだ。被害者死亡事案なので変な主張はしたくないという気持ちがあった。実況見分調書ではE車の前方を東進する車両はなかったことになっていたが、Dさんは実際には混雑する対向車線を走行する車両の間を縫うように飛び出してきたのではないかと思われた。

　しかし、C氏の言い分には気になる点が2つあった。1つは、本件事故現場の東側約65mの辺りに信号機のある横断歩道が設けられていたことに関してであった。西進してきたC氏はこの信号で信号待ち停止をし、信号が青に変わって発進していた。自身の対面信号

が青であれば基本的に対向方向も青だから、車が密に連なるのはおかしいのではないかという疑問であった。これについては、対向車線は大型スーパーの駐車場の出入り口がある片側一車線の道路で、スーパーを出入りする車などで渋滞しやすいことや、事故現場をよく知る私の事務所の事務員などがC車の走行道路は流れていても対向車線は渋滞していることが多いと教えてくれたことなどで一応解消された（その状況をどう法廷に顕出するかが問題になった）。

　もう1つは、Dさんが衝突したのはC車右前部ではなく左前部だったことである。C氏はDさんがC車（車両幅員約1.7m。Dさんの歩行速度を時速4.4kmとすると約1.4秒かかる）の前方を横断する間、Dさんの存在に気付かなかったとするとC氏には前方不注視があるのではないか、という点である。対向車線の車間から飛び出してもC氏はDさんとの衝突を回避することは可能だったのではないか。しかしこの点は、時速40kmで走行した場合、急制動をかけても停止まで約22m進んでしまうため、仮に1.4秒前位にDさんを発見し即座に急制動をかけたとしても、C車は直ちには停止できずDさんとの衝突場所がより右側になるだけで衝突は避けられない（結果回避可能性がない）と主張できそうだと考えた。

　先に述べたように、停止した状態でも「なんとか見える（＝見えるか見えないかの境界あたり）」という状況の時に、時速40kmもの速度を出して走る車の中から即座に危険を感じるほどの確かさで対象を認識できるのか（検察官請求証拠で有罪判決を下せるのか）という思いが深まり、過失運転致死について無罪を主張することにした（道路交通法違反については争わないことにした）。

第1回公判を迎える

　検察官請求証拠のうちE氏の供述調書の認否は留保し、C氏の供述調書は、速度違反及び注意義務違反を認める部分を不同意とした。実況見分調書はC氏の走行速度や対向車線の混雑状況を争って不同意とすることも考えたが、添付写真はむしろこちらに有利な材料になり得ると考え、正確性を争うという留保を付しつつ証拠調べに同意した（判決では「人形が設置されていることを予め知っているにもかかわらず、31.6mの距離から『なんとか見える』程度であったのだから、時速40kmで走行した場合、同じ地点からDを視認することができたかは甚だ疑問」と認定された。この判断は結果的に正しかったと思う）。

　検察官は、C氏が捜査段階で過失を争っていなかったのに公判では全面的に争う姿勢を見せたためたいへん驚いたようで、目撃者の証人調べ申請をしたほか、追加立証も検討すると言い出した。その時点での証拠では判断しきれないと考えたのか裁判所もこれを受け入れた。

第2回公判に向けて

　まず、E氏に実情を聞いた。供述調書では、E氏はDさんがスーパーを出て横断を開始した時から衝突するまでをつぶさに目撃しているような記載になっていたが、実際には衝突直前までDさんを意識しておらず、DさんがE車の前を東進する車の前方で横断したのかそれとも前車と自車の間を横断したのかもわからないというのであった。その説明は証人としての重要性をさほど感じさせない内容であった。E氏は、調書について、本件事故後、訳がわからないまま警察署に連れて行かれ、長時間にわたり事情聴取を受けて疲労困憊していたので、捜査官の読み聞けもきちんと確認できていなかったと語った。
　第1回公判後、検察官に呼び出されたE氏はそのことを検察官に伝えたらしい。「では嘘を吐いたのか」と検察官に迫られたと彼は私に述べた。私は、記憶のままに証言するのが証人の役割なので、検察官の言葉に動揺しないようにとE氏を励ました。
　本件事故が発生したのと同じ時間帯に本件事故現場の状況を撮影することを考え、現場に赴いた。現場は幅員7.3mの片道一車線で、両側に明るい店舗が並び圧迫感を覚えた。走る車の速度はおおむね時速40km程度と思われ、50kmも出ている車はないように感じられた。午後6時という時間帯は夕方の買物客でスーパーの駐車場の出入りも頻繁で、北側車線は確かに混んでいた。
　本件事故現場の南側のガソリンスタンドの従業員に話を聞いた。「事故は見ていない。C車走行車線は流れているが、対向車線は渋滞していることが多い」と説明された。事故現場付近の交通状況を確認して撮影し、写真撮影報告書を作成した。実際に現場を見て私はC氏の言い分の正しさを実感した。

第2回公判当日

　E氏の尋問が行われた。E氏は、DRに写っている横断開始時のDの姿に自身は気付いていなかったと証言した。「視界の範囲内であれば視認可能であるとはいえない」として、判決文にも引用された。検察官はDR解析報告書の証拠調請求を行った。Dさん、C車両、E車及びその前方の東進車両（以下、「E車前車」という）のそれぞれの位置がある程度明らかになった。また、信号機が青を示しているのにE車前車の尾灯が何度も点滅していることから、対向車線の流れはスムーズではなかったことが窺われた。
　弁護側は、航空写真と現場の道路状況の写真撮影報告書の証拠調べを請求した。航空写真によればスーパーの東側にドラッグストアがあり、それぞれ駐車場があるため本件道路の北側車線は渋滞しやすいということを具体的に明らかにしようとするものであった。
　しかし写真撮影報告書は不同意とされた。法廷顕出の方法を種々検討したが、「関連性」の壁の突破が容易でなく、実況見分調書は不同意とされても刑事訴訟法第321条3項の類

推により簡単に採用されることとの不均衡を感じた。裁判所は、時刻を定めるなどして連続的・継続的に現場を撮影した写真撮影報告書などであれば関連性を認め得るかも知れないと言ってくれたが、その後、後述の鑑定が実施されることになったためその法廷顕出は見送ることにした。

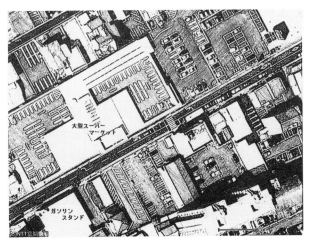

弁号証として提出しようとした航空写真

争点整理手続

　検察官は、DRの鑑定を行うと言い出した。鑑定期間は2ヶ月ほどと言っていたが、実際には映像写真と現場状況の突き合わせなどに予想外の時間を要したとかで、実際に提出されるまでに4ヵ月近くかかった。鑑定書を書いたのは元名古屋地検の事務官で交通事故鑑定をよく行う人物であった。
　起訴後に検察官が鑑定嘱託を行うのは異例である。弁護人は、検察官に、この際Ｃ車と対向車両の走行速度、Ｄさんの歩行速度、それぞれの位置関係のほか、信号機の色なども鑑定事項とするよう検察官に要望し、検察官は弁護人の要望を聞くことになった。

鑑定書の登場

　鑑定書が届いた。事故時のＣ車両の走行速度が時速約40kmとされたのはＣ氏に有利であった。結果はおおむね以下のとおりである。
・DRを解析した結果、被告人車両は衝突後約12mを時速約40kmで進行していることが判明した。
・Ｃ車とＣ車の前方を西進する車両（以下、「Ｃ車前車」という）の間隔は60m以上あり、Ｃ車前車の走行速度は時速40km程度であったと推定される。

第3編　事例研究

- Dさんは道路を時速約4～5kmで横断し、中央線付近で立ち止まらなかった。
- E車及びE車の前方を東進する車両（以下、「E車前車」という）は時速約38～39kmで走行していた。
- E車前車の前方を東進する車両（以下、「E車前々車」という）の有無は不明である。
- 衝突時、本件現場の東側にある横断歩道の信号機は青を表示していた。

第3回公判

　検察官から、鑑定書とこれに基づいて行われた実況見分調書の証拠調べ請求がなされた。実況見分調書は、C車の走行速度を時速40kmと30km、仮想対向車両の走行速度を時速30kmと38kmと設定していた。しかし、E車前々車の存在が想定されていないことに加え、「7月の午後1時15分～2時」という見分時刻は本件事故が発生した11月17日の午後6時とは条件がまったく異なり、また、仮想被害者が周囲に目立つ白いビニール傘をC氏走行側に向けて持っていたことなどから、裁判所の判断を誤らせるものと考え、法的関連性なしとして不同意とした。裁判所はこの意見を容れ証拠採用をしなかった。検察官は、「物理的に視認が可能であったかどうか」を立証するのだから明るさは関係がないなどと主張をしたが、裁判所から一蹴された。

　私は、実況見分調書に写真を添付する意味を考えさせられた。夜景モードで撮影すれば肉眼では見えないものも鮮明に映し出される一方、ストロボ撮影をすると肉眼で見るよりも不鮮明になる。検察官が主張する物理的視認可能性が立証趣旨なのであれば、夜景モードで撮影するとか日没前に撮影することも許されるように思われる。しかしそれでは判断者の判断を誤らせる。やはり肉眼で見るのと同じような写真を添付すべきなのではないか。当時たまたま夜間の交通事故の民事事件を扱っていたので記録を確認したところ、非常に

不採用となった実況見分調書の添付写真の再現（衝突2秒前、距離約30m手前）。原本は時折雨粒が落ちてくるような曇り空であったが、空は比較的明るく、仮想Dさん役が手に持つ白いビニール傘が目立っていた。

請求されなかった実況見分調書の添付写真の再現（衝突2秒前、距離約24.2m）。再現撮影時、小雨が降っており、地面は湿潤していた。原本は、道路中央寄り付近で撮影されたため、左手のガソリンスタンドの光で、再現よりかなり明るかった。

不鮮明なストロボ撮影写真が添付されていた。気になるところであり今後の検討課題としたい。

　検察官があらためて夜間に実況見分を実施した調書の証拠調べを請求する予定でいると述べたところ、裁判所は検察官の追加立証で手続きが遅滞したことを指摘し、これ以上審理を遅延させないようにと検察官に釘を刺した。裁判所はDRの画像鑑定書で十分と考えていたようであった。

再度の実況見分

　約1カ月後、検察官は公判係属中に再度の実況見分を行った。午後8時45分から9時45分までの間、道路を湿潤させるためにガソリンスタンドで借りた水を撒いて撮影したという。前の実況見分の時と同様、4パターンの実況見分を行っていた。今回はE車前車のE車前々車の存在を想定していたものの、その走行速度は時速30kmとされ、E車前車との距離が極端に長くとられていたほか、添付写真が夜間モードで撮影され、極めて鮮明な画像になっていた。私は、やはり法的関連性なしとして不同意意見を出す予定だと検察官に予告した。もっともそうは言っても実際には採用されてしまうかなという気持ちでいた。

第4回公判

　ところが、検察官はやり直した実況見分調書の証拠調べ請求をしなかった。戦意を喪失したのだろうか。私は予定主張記載書面を提出した。期日前に提出するよう裁判所から求められたことから、私は裁判所は被告人質問に真剣に臨もうとしているものと受け止めた。

　被告人質問が行われた。図面や航空写真を用いた運転経路の説明を行い、事故直前直後の運転状況などを明らかにし、視認状況の確認、走行速度や対向車線の状況について捜査中で供述が変わっている点についても理由を尋ねた。C氏は、実況見分調書添付の写真の明るい方が実際の状況に近かったと述べ、「人が飛び出してきた」とか「時速30〜50kmで走っていた」という供述が調書に出ていないのは、「ひき逃げをした負い目のためだった」と説明した。強いて自分に有利に判断して貰おうと思わず、事件時の状況をありのままに話そうという態度が出ているように思われた。

第5回公判

　私は、空走距離を立証する岐阜県交通安全協会発行の「安全運転ガイド」と、夜間対向車両は道路中央付近の人を見えにくくするという「群馬県警のホームページ」の該当部分を証拠調べ請求した。検察官は不同意。裁判所は「公知の事実なので同意してもいいので

第3編　事例研究

は」と同意を促したが、検察官は承服せず不同意を通した。

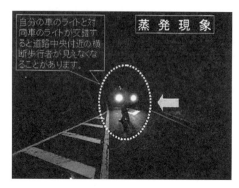

群馬県警察HP　蒸発現象

群馬県警察HP　蒸発現象

　論告で、検察官は、①前方不注視、②時速50km走行、③対向車線上に被告人の視界を遮る車両が存在しなかったことを理由に懲役3年6月を求刑した。

　私の弁論は、①Dさんは渋滞する対向車線の車間から飛び出した、②C車は制限速度（時速40km）で走行していた、③C氏は捜査段階からDさんが飛び出してきたことや時速30～50kmで走行していたことを述べていた、④C氏に前方注視義務違反はない、⑤走行車両の後ろから出てきたDさんを発見し急制動をかけても衝突は避けられなかったというもの。少し詳しく述べる。

　①人は一般に、道路を横断する際には車両が通り過ぎるのを待って横断を開始するもので、走行してくる車両の直前を敢えて通ることは考えにくい。検察官の主張によるとDさんは車両が2台連なってくるタイミングを敢えて選んで横断したことになるが、極めて不自然である。また、DRによれば目撃車前車は信号が青を示しているのに時速約22kmという低い速度で走行し、本件事故の3秒前、2秒前、4秒後に制動灯を点灯していた。E車前車の前にE車前々車が存在していたことも合理的に推認される。

　②鑑定書によれば、C車が衝突後12m進む間の走行速度は時速40kmほどであった。C氏は一貫して衝突後びっくりしてブレーキを踏んだと供述しており、衝突後少なくとも1秒間（進行距離11.11m）を時速40km程度で進行している。

　③C氏の交際相手の供述書には、C氏から、「いつもの様に走っていたら人が飛び出してきてぶつかってしまった」と打ち明けられたという記載がある。C氏は初めて身柄を拘束され取調べを受けたため動揺していたことに加え、衝突とひき逃げの事実に負い目を感じ訂正を求められなかったという心情は理解できる。

　④交差点の対面信号が青を表示している時には、前方を確認しつつも左手の丁字路方向に意識が向くのは当然である。Dさんの身長が154cmと比較的小柄であり、上下暗色の衣類を着用し、天候は曇りで既に暗かった。E車前車の前を横断したDさんの姿はいわゆる「蒸発現象」によって見えなかったと考えられ、その状況で車と車の間を抜けて横断してきたDさんをC氏が視認することは無理であった。

　Dさんの歩行速度は時速4～5km（秒速1.11～1.39m）であったとされるから、衝突の

1秒ほど前には中央線上辺りにいたことになる。(蒸発現象によってその姿は見えなくなっていたが) 仮にこの時点でC氏がDさんの姿を認め、急制動をかけたとしても、時速40kmで走行する車両は停止まで約22mの距離を要するため、この事故の発生を避けることはできなかった。

これらの主張は、判決でほぼ採用された。

第6回公判──判決

判決は2015年11月30日に言い渡された。過失運転致死は無罪。理由の要点は以下のとおりである。判決は控訴されず確定した。

主文

被告人を懲役1年に処する。
この裁判が確定した日から3年間その刑の執行を猶予する。
本件公訴事実中、過失運転致死の点については、被告人は無罪。

理由

本件における争点
本件における争点は、被告人の自動車運転上の過失の有無であり、これを基礎付けるより具体的な争点として、本件事故当時の①被告人車両の走行速度、②前方左右不注視の事実の有無、③対向車線上の道路状況及びこれを踏まえた④結果回避可能性の4点が挙げられる。

前提となる事実
1　本件事故現場の状況等
本件事故当時、天候は曇りであったが、路面は降雨後で湿潤な状態で、事故発生時刻は日没後であり、進行車両は前照灯を点灯して走行していたが、付近に設置された街路灯や周辺の店舗の照明等で比較的明るい状態であった。

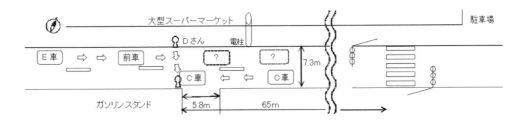

2　争点に対する判断
　ア　被告人車両の走行速度（争点①）について
　　検察官は、被告人の捜査段階の供述に依拠して、本件事故現場付近での被告人車両

の走行速度を時速約50キロメートルであったと主張するが、それは被告人の感覚に過ぎず、正確性が担保されているものではない。被告人の供述調書には、本件事故当時の走行速度が時速約50キロメートルであった旨具体的に特定する一方、事故前後に減速した際の速度については時速20キロメートルから30キロメートルくらいであったと幅のある記載がなされており、いずれも体感速度であるにもかかわらず、前者についてのみ具体的に特定されているのは不自然である。速度に関する供述が感覚的なものである以上、幅のある速度を述べる方がむしろ自然である。ひき逃げをした負い目から調書を訂正しなかったという点もあながち不自然とはいえない。

客観的事実やこれを踏まえた専門的知見（鑑定書）によると、本件衝突地点から約12メートル進行するまでの区間の平均走行速度は時速40.4キロメートルであったこと、被告人は、本件事故の直前直後に加減速の措置を取っていなかったこと、これにブレーキを踏もうとしてから実際にブレーキが効き始めるまでの空走距離を併せ考えると、本件事故当時の被告人車両の走行速度は時速40.4キロメートルをやや上回るものというものと認められる。このことは、本件衝突地点とDの転倒地点の距離に基づく計算上の走行速度と矛盾しない。

イ　前方左右不注視の事実の有無（争点②）について

検察官は、本件衝突地点の約25.9メートル手前から進路左前方を見ながら走行し、本件衝突地点で進路前方に視線を戻した瞬間に衝突してしまったという被告人の捜査段階の供述に依拠し、被告人は交差道路からくる車両の有無に気を取られ、前方左右の注視を欠いた旨主張するが、このとおりであったとしても、道路交通法上、交差点に入ろうとするときには、状況に応じ、当該交差点又はその直近で道路を横断する歩行者に特に注意しなければならないものとされているのだから（同法第36条4項）、被告人が交差道路方向である左方に視線を向けることは必要かつ相当な行為であるといえる（これにより対向車線方向に一時的に視界が外れたとしても、これを前方左右不注視と評価することは、運転者に実現困難な過大な注意義務を課すに等しい。）。

本件事故は、夜間に発生したものであるうえ、被告人の進行方向前方には、Dの横断位置への視界を遮る対向車両が存在していたことなどから、被告人がDを発見し得たのは、少なくとも本件衝突の1秒余り前であり、被告人車両の正面にいるDの存在に初めて気づいたとしても、それ自体前方左右の注視を欠いたという事実を推認させない。

ウ　対向車線上の道路状況（争点③）について

検察官は、本件事故当時、対向車線上のE氏の運転するE車の前方に先行車両が走行していたが、本件事故現場以東の対向車線上に渋滞による停止車両や低速で進行していた車両は存在しなかったと主張する。

しかし、DR画像には、Dが本件市道の横断を開始した約1秒後に、電柱を過ぎた付近でE車前車の前の別の車両のブレーキランプが点灯する様子が確認でき、その車間距離は約30メートルと認められる。E車前々車及びE車前車の制御措置の状況、E車前車の前方ではスーパーマーケットの駐車場から本件市道に出ようとする車両があ

ったことから、E車前々車の前にも車両が連なっていた可能性が高い。信号機が青色表示であるにもかかわらず、Dが比較的ゆっくりとしたペースで歩いて横断しようとしたことの説明もつく。

エ　結果回避可能性（争点④）について

　被告人の走行速度を時速40キロメートルから45キロメートルの間であったと仮定し、路面が湿潤状態にあったことを踏まえ、摩擦係数を0.4、反応時間を標準的な0.75秒として計算すると、その停止可能距離は24.08メートルから29.3メートルとなる。

　Dが横断を開始した約1秒後（衝突の2.56秒前）の時点においては、被告人がDの姿を視認するには物理的に不可能であった可能性が高いが、約2秒後（衝突の約1.56秒前）の時点においては、可能な位置関係にあったと認められる。

　これを踏まえ、結果回避可能性を検討するに、DRの画像や鑑定書等によって、Dの位置は、相当な確度をもって特定することができるが、被告人車両及びE車前々車の具体的な走行状況については上記以上に認定することができず、Dが回避可能残時間を超えて、E車前々車後方の死角内に留まっていた可能性も否定できない。また、昼間に比べて見通しが悪く、照明から離れた本件市道中央線付近において、暗色系の服装をした身長154センチメートルと比較的小柄なDの姿は見えづらく、視界の範囲内にあれば視認可能であるとはいえない（E氏も、DR画像上は視界に入っていた横断開始時点のDの姿に気付いていなかったと証言している。）。被告人も、停止した状態で、対向車線上の横断者を仮想した人形が見えるかどうかを確認する実況見分で、人形が設置されていることを予め知っているにもかかわらず、31.6メートルの距離から「なんとか見える」程度であったのだから、時速40キロメートルで走行した場合、同じ地点からDを視認することができたかは甚だ疑問である。特に、人が横断することを当然に予想すべきとは言えない場所では猶更である。しかも、上記実況見分調書は、路面は乾燥、視界を遮る対向車両もないという条件で行われたが、本件事故直前は、E車前々車があり、路面は湿潤であり、走行車両の前照灯や街路灯の乱反射で特に中央線付近が視認しにくいという、Dの視認、発見を困難にするような条件が幾重にも重なっていたため、現実的な発見可能地点は、「なんとか見え」た時点よりも相当程度本件衝突地点よりの場所であり、回避可能残距離を超えて初めてDを発見することが可能であった疑いを払しょくし難い。また停止可能距離は標準的な反応時間を前提にしており、上記悪条件の下、反応時間が少しでも長くなれば、停止可能距離自体も長くなるため、被告人が停止可能距離に至る前にDを発見し得たかについては、重大な疑問が残るといわざるを得ない。

　以上により、被告人が前方を注視し、Dを発見した時点で直ちに制動措置を講じたとしても本件衝突を回避することが可能であったというには合理的な疑問が残る。

岐阜地方裁判所刑事部

　　　　　　　　　　　　　　　　　　　　　裁判長裁判官　　大西直樹
　　　　　　　　　　　　　　　　　　　　　裁判官　　溝田泰之
　　　　　　　　　　　　　　　　　　　　　裁判官　　小島武志

新聞記事

事件を振り返る

　交通事故事案は、被告人に過失があれば、被害者の過失がいくら大きくても被告人は有罪を免れないことになってしまう。
　本件でも、私は当初、たとえC氏が主張するとおりDさんが対向車線に連なる車両の間から飛び出してきたとしても、C氏は有罪を免れ得ないのではないかと考えていた。C氏自身も有罪を覚悟していた。ただ、自分がC氏の状況下で車を運転していたら、この事故の発生を未然に防ぐことはまずできなかっただろう、それなのに有罪を前提に弁護活動をしていいのだろうか？　いいはずがない。
　過失は、裁判官の判断により補充されることがあり得る開かれた構成要件である。C氏が主張する状況で事故が発生したという事実認定の下でも有罪と認定されたとすれば、それはある意味仕方がないと言えるのかも知れない。本件における最善の刑事弁護は、事故前後の状況がC氏の主張するものであったことを明らかにすることがそのすべてであると私は確信した。
　この事件では、対向車線を走行していたE車に搭載されていたDRの画像が大きな役割を果たした。裁判官たちにも恵まれ、適切な訴訟指揮と丁寧な事実認定を行ってもらった。これらの条件が重ならなければ無罪判決とはならなかったかも知れない。
　最近、あおり行為に関連して発生した死傷事故が大きな話題となり、DRを搭載する車両が増加しているという。今後は交通事故の刑事弁護にDR画像が大きな役割を果たすことになるだろう。

著者コメント

争点

　本件は、道路を横断する歩行者の発見が遅れたとして車両運転者の注意義務違反が問われた事案である。何をしなければ注意が足りなかったことになり、いかなる行為があれば不注意が問われないのか。その判定は極めて難しい。捜査官が断じる過失の説明にたいていの被疑者は抗えない。また、多くの裁判官は自身の主観的な判断で過失を判定してしまう。

　現場は雨上がりの丁字路交差点である。時刻は11月中旬の午後6時ころ。被告人は東方から西方に向かう直進道路を走行していた普通乗用自動車の運転者。交差道路左方（南方）からこの交差点に進入してくる車両の有無に気をとられ、車道総幅員7.3mの直進道路の交差点出口付近を右方から左方に小走りで横断する84歳の女性歩行者の発見が遅れて自車の左前部辺を同女に当てたとされ、被告人は至近距離で発見したため急制動をかけられなかったとされていた。

　被告人は実況見分時には自車の走行速度を時速50kmと言い、捜査段階では自身の過失を争っていなかった。弁護人は「前方注視義務懈怠を言うのは運転手には酷ではないか」という感じで弁護を始めたと述懐する。なお、本件では救護義務違反については争われていない。

再現テストの危うさ

　季節柄この時間になるともう暗い。被告人車両がどこに来た時に横断歩行者がどの地点にいたのかを確定することも、またその歩行者の模様の見え具合を確定することも、確かな証拠がなければ難しい。本件事故発生当時は対向車線を走行する車両が連なっていて、その前照灯の湿潤路面への反射光が被告人の前方視認を妨げていた可能性もあったという。その事実関係の確定も容易ではない。

　本件では、被告人の横断歩行者の見え方に関する再現テストが捜査段階に行われている。よく行われるものであるが、テストの結果を根拠に、「だから車両運転者はもっと手前で被害者を優に視認できたはずだ」という結論が導かれている。

　だが、この種のテストには大きな問題がある。それは、被験者が実験の目的と内容を知っている（本件に即して言えば、このテストは自分がどこまで近づいたら対象物を視認できるかを調べるために行うものだということを予め知らされ、対象物の存在自体をテストの前から認識している）ということである。実際の事故では運転者（被告人）には何の予備知識も与えられていない。予備知識を与えられていれば注意力が決定的に高まる。予知の有無の影響を考慮せずにどこで何が見えるかを考えるのは完全に非科学である。

　「人形が設置されていることを予め知っているにもかかわらず、31.6メートルの距離から『なんとか見える』程度であったのだから、時速40キロメートルで走行した場合、同じ

地点からDを視認することができたかは甚だ疑問である」という判旨は極めて合理的な考察である（テストの実施条件により人の認知能力が大きく変わることについては、日弁連刊「昭和60年度特別研修叢書上巻『鑑定書の読み方』や日本評論社刊『科学的交通事故調査――実況見分調書の虚と実』などを参照されたい）。

写真撮影の再現可能性

　本件の写真撮影の再現可能性についても触れておきたい。蒸発現象は運転者の視認を妨げる事象であるが、当該運転者には「見えない」対象物でも写真には撮影されていることが少なくない。蒸発現象は勝れて人間の視認感覚上の問題であって、物理的な把握可能性の問題ではないのである。

　また、写真は絞りやシャッタースピード等の撮影条件やカメラ機能上の条件により撮影される結果が大きく変わることにも注意を要する。弁護人は「夜景モード」という言葉でこの関係に触れている。写真撮影結果は人間の視覚と一致しないことがいくらでもある。ある物が見えるとか見えないとか、どのように見えるかということを写真によって確定できると思うのは写真に関する無知を告白するものである。

　月も星も出ていない夜間に強く絞り込んだレンズで長時間をかけて対象物を撮影すると一見昼間に撮影したような鮮明な写真が撮れる。光源がどこにあるのかわからない（どこから光が当たっているのかわからない）ような不思議な映像である。「写真」と言うが、真を写すとはいかなることかという疑問にもつながる。写真も用い方によっては危うい判断の材料にされかねない。写真や動画には証拠としての圧倒的な信用力と危険性が同居している。

問題捜査と何でも鑑定

　弁護人のE氏との接触によってつぶさに目撃していたとされているE氏が実際にはほとんど実情を見ていなかったことが判明する。お粗末捜査かねつ造捜査か、いずれにしてもあってはならないことである。だが、警察・検察は存在しない事実をあったことにしたり、存在した事実をなかったことにしたりすることがある。一方、証人との接触により真実を突き止めた弁護人に偽証教唆の嫌疑をかけたりすることもある。弁護人としてはあらゆる事態を想定して、獲得した情報の記録化や情報収集過程の証拠化に努めなければならない。

　被疑者から強引に自白（不利益事実の承認）を引き出し、その結果に慢心して捜査を疎かにする事例は多い。本件もその1事例のように思われる。検察が起訴後にドライブレコーダー（DR）の鑑定を行ったのはそのことを象徴している。第2編第3章4でも述べたように、今やDRの分析は交通事故捜査の基本と言える。起訴後被告人が過失を争ったらば実施すればよいというものではない。

　私は、この鑑定書を見る機会があったが、鑑定事項の多さとその内容に驚愕した。鑑定事項は、「被告人車両の動静、走行速度、衝突速度。被告人車両と先行車両の車間距離、先行車の走行速度。被害者の動静、移動速度。E車両・同前車両・同前々車両の車間距離。同前々車両のさらに前方の車両の有無、あったとすれば同車両の速度、各車両の車間距離。

各車両の位置関係。衝突時の現場東方の2つの信号表示。衝突状況に関する被告人供述の合理性の有無。その他参考事項」というのであった。

　弁護人の要望も容れた結果の鑑定事項であるとされているが、それにしてもこれだけのことについて検察が事実関係に確信を持たないまま（はっきりしたことがわからず、その究明を怠ったまま）被告人の有罪を断定し、起訴に及んだということに怒りを感じた。「衝突状況に関する被告人供述の合理性」を鑑定事項に上げることを検察官はおかしいと思わないのだろうか。検察はこの鑑定書を踏まえて実況見分まで起訴後にやり直したという（またその結果も公判に登場させ得ない代物であったという）のであるから、この事件の捜査のいい加減さは目を覆うばかりである。

　鑑定書の科学的合理性にも触れたい。上述した鑑定事項について提出された鑑定書は全体で19頁の簡単なもので、その内容は警察の「交通資料集」に出てくる基準を並べたようなものであった。また、分析と言っても基礎資料を読み取るだけのものが多く、「鑑定書」と言えるかという疑問を懐くようなものであった。交通事故の民事訴訟で、裁判官が「原告は本件事故の状況はかくかくしかじかだと言っている。他方被告はかくかくしかじかだと言っている。どちらが正しいか」という鑑定事項を示したという話を聞いたことがあるが、そこまで極端な例でないとはいえ、検察は鑑定人に何を判断させるのかについて基本的な理解をしていない。鑑定人の能力水準の低さと司法の怠慢が相まって鑑定科学のレベルを下げている。

裁判所の姿勢など
　本件は、ごく初歩的な運動力学と良識の組み合わせで運転者の注意義務の合理的限界に関する正しい判断を勝ち取ったケースである。弁護人は「裁判官たちにも恵まれ、適切な訴訟指揮と丁寧な事実認定を行ってもらった」と総括される。確かにそう言えると思うが、視認に関する弁護人の強いこだわりが裁判官の関心を引き起こしたことは間違いない。お粗末な捜査で問題をはらむ捜査でも裁判所が最後に検察側に助け船を出して有罪判決に持ち込む悪弊が後を絶たない。本件はそのような現状に対し警鐘を鳴らす好判決と言えるのではないか。

　DRの有用性について私も弁護人と同じ感想を持つ。映像記録を正しく判読することにより私たちが獲得できる情報は思いのほか多い。宝の持ち腐れにしないようにしたい。

表1　道路の交角を求める

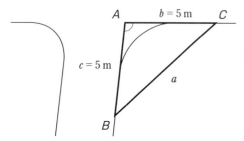

交差点の角の1つに $b = c = 5$m の二等辺三角形 ABC を作図したときの辺 a の長さから∠A（道路の交角）を求める。

計算は第2余弦定理、
$$\angle A = \cos^{-1}\left(\frac{b^2+c^2-a^2}{2bc}\right)$$
による。

早見表

a(m)	∠A(°)	a(m)	∠A(°)	a(m)	∠A(°)	a(m)	∠A(°)	a(m)	∠A(°)
4.00	47.16	5.00	60.00	6.00	73.74	7.00	88.85	8.00	106.26
4.05	47.78	5.05	60.66	6.05	74.46	7.05	89.66	8.05	107.22
4.10	48.41	5.10	61.33	6.10	75.18	7.10	90.47	8.10	108.19
4.15	49.04	5.15	61.99	6.15	75.90	7.15	91.29	8.15	109.17
4.20	49.67	5.20	62.66	6.20	76.63	7.20	92.11	8.20	110.17
4.25	50.30	5.25	63.34	6.25	77.36	7.25	92.94	8.25	111.18
4.30	50.94	5.30	64.01	6.30	78.10	7.30	93.77	8.30	112.20
4.35	51.57	5.35	64.69	6.35	78.84	7.35	94.61	8.35	113.23
4.40	52.21	5.40	65.37	6.40	79.58	7.40	95.46	8.40	114.28
4.45	52.85	5.45	66.05	6.45	80.33	7.45	96.32	8.45	115.34
4.50	53.49	5.50	66.73	6.50	81.08	7.50	97.18	8.50	116.42
4.55	54.13	5.55	67.42	6.55	81.84	7.55	98.05	8.55	117.52
4.60	54.77	5.60	68.11	6.60	82.60	7.60	98.93	8.60	118.63
4.65	55.42	5.65	68.80	6.65	83.36	7.65	99.81	8.65	119.77
4.70	56.07	5.70	69.50	6.70	84.13	7.70	100.71	8.70	120.92
4.75	56.72	5.75	70.20	6.75	84.91	7.75	101.61	8.75	122.09
4.80	57.37	5.80	70.90	6.80	85.69	7.80	102.52	8.80	123.28
4.85	58.02	5.85	71.61	6.85	86.47	7.85	103.44	8.85	124.50
4.90	58.68	5.90	72.31	6.90	87.26	7.90	104.37	8.90	125.75
4.95	59.34	5.95	73.03	6.95	88.05	7.95	105.31	8.95	127.02

（注1）△ABC が $b = c = 5$m 以外の二等辺三角形の場合は a の長さを換算して表を引く。例えば△ABC が $b = c = 4$m の二等辺三角形で、$a = 6.4$m であったとすると、それと相似の $b = c = 5$m の三角形では、$a = 6.4 \times (5/4) = 8$m であるから、表の $a = 8.00$ の所を読んで∠$A = 106.26°$ である。

（注2）△ABC が二等辺三角形でない場合はこの表は使えない。その場合は図解するか、第2余弦定理で計算する。

表2 被害者の放出初速度と移動距離

【放出初速度から移動距離を求める】

放出初速度 (km/h)	移動距離(m) 放出時の被害者重心高さ(m)				
	0.4	0.6	0.8	1.0	1.2
20	3.8	4.2	4.5	4.8	5.0
22	4.5	4.9	5.2	5.5	5.7
24	5.1	5.6	5.9	6.3	6.5
26	5.9	6.3	6.7	7.1	7.4
28	6.6	7.1	7.6	7.9	8.3
30	7.4	8.0	8.4	8.8	9.2
32	8.3	8.9	9.4	9.8	10.2
34	9.2	9.8	10.3	10.8	11.2
36	10.1	10.8	11.3	11.8	12.2
38	11.1	11.8	12.4	12.9	13.3
40	12.2	12.9	13.5	14.0	14.5
42	13.3	14.0	14.6	15.2	15.7
44	14.4	15.2	15.8	16.4	16.9
46	15.6	16.4	17.1	17.7	18.2
48	16.8	17.6	18.3	19.0	19.6
50	18.0	18.9	19.7	20.3	20.9
52	19.3	20.3	21.0	21.7	22.4
54	20.7	21.6	22.5	23.2	23.8
56	22.1	23.1	23.9	24.7	25.3
58	23.5	24.6	25.4	26.2	26.9
60	25.0	26.1	27.0	27.8	28.5
62	26.5	27.6	28.6	29.4	30.1
64	28.1	29.3	30.2	31.1	31.8
66	29.7	30.9	31.9	32.8	33.6
68	31.4	32.6	33.6	34.5	35.4
70	33.1	34.4	35.4	36.3	37.2
72	34.9	36.2	37.2	38.2	39.1
74	36.7	38.0	39.1	40.1	41.0
76	38.5	39.9	41.0	42.0	42.9
78	40.4	41.8	43.0	44.0	44.9
80	42.3	43.8	45.0	46.0	47.0
82	44.3	45.8	47.0	48.1	49.1
84	46.3	47.8	49.1	50.2	51.2
86	48.4	50.0	51.2	52.4	53.4
88	50.5	52.1	53.4	54.6	55.6
90	52.7	54.3	55.7	56.8	57.9
92	54.9	56.5	57.9	59.1	60.2
94	57.2	58.8	60.2	61.5	62.6
96	59.4	61.2	62.6	63.9	65.0
98	61.8	63.5	65.0	66.3	67.5
100	64.2	66.0	67.5	68.8	70.0

【移動距離から放出初速度を求める】

移動距離 (m)	放出初速度(km/h) 放出時の被害者重心高さ(m)				
	0.4	0.6	0.8	1.0	1.2
10	35.7	34.4	33.4	32.5	31.7
11	37.7	36.4	35.4	34.5	33.7
12	39.7	38.4	37.3	36.4	35.6
13	41.5	40.2	39.1	38.2	37.4
14	43.3	42.0	40.9	40.0	39.1
15	45.1	43.7	42.6	41.7	40.8
16	46.7	45.4	44.3	43.3	42.5
17	48.4	47.0	45.9	44.9	44.1
18	50.0	48.6	47.5	46.5	45.7
19	51.5	50.1	49.0	48.0	47.2
20	53.0	51.6	50.5	49.5	48.7
21	54.5	53.1	51.9	51.0	50.1
22	55.9	54.5	53.4	52.4	51.5
23	57.3	55.9	54.7	53.8	52.9
24	58.6	57.3	56.1	55.1	54.2
25	60.0	58.6	57.4	56.4	55.6
26	61.3	59.9	58.7	57.7	56.9
27	62.6	61.2	60.0	59.0	58.1
28	63.9	62.4	61.3	60.3	59.4
29	65.1	63.7	62.5	61.5	60.6
30	66.3	64.9	63.7	62.7	61.8
31	67.5	66.1	64.9	63.9	63.0
32	68.7	67.3	66.1	65.1	64.2
33	69.9	68.4	67.3	66.3	65.3
34	71.0	69.6	68.4	67.4	66.5
35	72.1	70.7	69.5	68.5	67.6
36	73.3	71.8	70.6	69.6	68.7
37	74.4	72.9	71.7	70.7	69.8
38	75.4	74.0	72.8	71.8	70.9
39	76.5	75.1	73.9	72.9	71.9
40	77.6	76.1	74.9	73.9	73.0
41	78.6	77.2	76.0	75.0	74.0
42	79.6	78.2	77.0	76.0	75.1
43	80.7	79.2	78.0	77.0	76.1
44	81.7	80.2	79.0	78.0	77.1
45	82.7	81.2	80.0	79.0	78.1
46	83.7	82.2	81.0	80.0	79.0
47	84.6	83.2	82.0	80.9	80.0
48	85.6	84.1	82.9	81.9	81.0
49	86.6	85.1	83.9	82.8	81.9
50	87.5	86.0	84.8	83.8	82.9

(注1)「放出初速度」とは衝突直後の被害者の速度、「移動距離」とは衝突後の被害者の飛翔距離と滑走距離の和をいう。計算は例題⑳の式による。

(注2) 滑走時の被害者の身体と路面の摩擦係数を0.7とし、被害者は水平(仰角0°)に放出されたとした(仰角があれば、移動距離は表の数値より大きくなる。)。

(注3) この表が使えるのは、被害者が水平に放出されたと見られる場合で、かつ放出時の被害者の重心高さがある程度特定できる場合に限られる。放出時の仰角が0°でない場合は表によらず例題⑳に示した方法で求めなければならない。

また、車体前面の形状や衝突時の被害者の状況によっては、放出時の被害者の重心高さの推定が簡単ではないこともある。

表3　制動距離から制動直前の速度を求める

制動距離(m)	車両の速度(km/h) 摩擦係数										
	0.30	0.35	0.40	0.45	0.50	0.55	0.60	0.65	0.70	0.75	0.80
10	27.6	29.8	31.9	33.8	35.6	37.4	39.0	40.6	42.2	43.6	45.1
11	29.0	31.3	33.4	35.5	37.4	39.2	40.9	42.6	44.2	45.8	47.3
12	30.2	32.7	34.9	37.0	39.0	40.9	42.8	44.5	46.2	47.8	49.4
13	31.5	34.0	36.3	38.5	40.6	42.6	44.5	46.3	48.1	49.8	51.4
14	32.7	35.3	37.7	40.0	42.2	44.2	46.2	48.1	49.9	51.6	53.3
15	33.8	36.5	39.0	41.4	43.6	45.8	47.8	49.8	51.6	53.5	55.2
16	34.9	37.7	40.3	42.8	45.1	47.3	49.4	51.4	53.3	55.2	57.0
17	36.0	38.9	41.6	44.1	46.5	48.7	50.9	53.0	55.0	56.9	58.8
18	37.0	40.0	42.8	45.4	47.8	50.1	52.4	54.5	56.6	58.6	60.5
19	38.1	41.1	43.9	46.6	49.1	51.5	53.8	56.0	58.1	60.2	62.1
20	39.0	42.2	45.1	47.8	50.4	52.9	55.2	57.5	59.6	61.7	63.8
21	40.0	43.2	46.2	49.0	51.6	54.2	56.6	58.9	61.1	63.3	65.3
22	40.9	44.2	47.3	50.1	52.9	55.4	57.9	60.3	62.5	64.7	66.9
23	41.9	45.2	48.3	51.3	54.0	56.7	59.2	61.6	64.0	66.2	68.4
24	42.8	46.2	49.4	52.4	55.2	57.9	60.5	62.9	65.3	67.6	69.8
25	43.6	47.1	50.4	53.5	56.3	59.1	61.7	64.2	66.7	69.0	71.3
26	44.5	48.1	51.4	54.5	57.5	60.3	62.9	65.5	68.0	70.4	72.7
27	45.4	49.0	52.4	55.6	58.6	61.4	64.1	66.8	69.3	71.7	74.1
28	46.2	49.9	53.3	56.6	59.6	62.5	65.3	68.0	70.6	73.0	75.4
29	47.0	50.8	54.3	57.6	60.7	63.7	66.5	69.2	71.8	74.3	76.8
30	47.8	51.6	55.2	58.6	61.7	64.7	67.6	70.4	73.0	75.6	78.1
31	48.6	52.5	56.1	59.5	62.7	65.8	68.7	71.5	74.2	76.8	79.4
32	49.4	53.3	57.0	60.5	63.8	66.9	69.8	72.7	75.4	78.1	80.6
33	50.1	54.2	57.9	61.4	64.7	67.9	70.9	73.8	76.6	79.3	81.9
34	50.9	55.0	58.8	62.3	65.7	68.9	72.0	74.9	77.8	80.5	83.1
35	51.6	55.8	59.6	63.3	66.7	69.9	73.0	76.0	78.9	81.7	84.3
36	52.4	56.6	60.5	64.1	67.6	70.9	74.1	77.1	80.0	82.8	85.5
37	53.1	57.4	61.3	65.0	68.6	71.9	75.1	78.2	81.1	84.0	86.7
38	53.8	58.1	62.1	65.9	69.5	72.9	76.1	79.2	82.2	85.1	87.9
39	54.5	58.9	62.9	66.8	70.4	73.8	77.1	80.2	83.3	86.2	89.0
40	55.2	59.6	63.8	67.6	71.3	74.8	78.1	81.3	84.3	87.3	90.2
41	55.9	60.4	64.5	68.5	72.2	75.7	79.0	82.3	85.4	88.4	91.3
42	56.6	61.1	65.3	69.3	73.0	76.6	80.0	83.3	86.4	89.5	92.4
43	57.2	61.8	66.1	70.1	73.9	77.5	81.0	84.3	87.4	90.5	93.5
44	57.9	62.5	66.9	70.9	74.8	78.4	81.9	85.2	88.5	91.6	94.6
45	58.6	63.3	67.6	71.7	75.6	79.3	82.8	86.2	89.5	92.6	95.6
46	59.2	64.0	68.4	72.5	76.4	80.2	83.7	87.1	90.4	93.6	96.7
47	59.8	64.6	69.1	73.3	77.3	81.0	84.6	88.1	91.4	94.6	97.7
48	60.5	65.3	69.8	74.1	78.1	81.9	85.5	89.0	92.4	95.6	98.8
49	61.1	66.0	70.6	74.8	78.9	82.7	86.4	89.9	93.3	96.6	99.8
50	61.7	66.7	71.3	75.6	79.7	83.6	87.3	90.9	94.3	97.6	100.8

（注1）車両は縁石等で強制的に停止させられることなく、路上で自然停止したものとした。
（注2）バイク・自転車の滑走距離から滑走開始直前の走行速度を求める場合にも使える。バイク・自転車の車体が路面を滑走するときの摩擦係数は0.35程度である。
（注3）計算は例題⑥、例題⑨の式による。

表4　制動距離から制動直前の速度を求める

制動距離(m)	車両の速度(km/h) 傾斜角（負：下り坂　正：上り坂）										
	−5°	−4°	−3°	−2°	−1°	0°	1°	2°	3°	4°	5°
10	39.4	40.0	40.5	41.1	41.6	42.2	42.7	43.2	43.7	44.2	44.6
11	41.3	41.9	42.5	43.1	43.7	44.2	44.8	45.3	45.8	46.3	46.8
12	43.1	43.8	44.4	45.0	45.6	46.2	46.8	47.3	47.9	48.4	48.9
13	44.9	45.6	46.2	46.8	47.5	48.1	48.7	49.2	49.8	50.4	50.9
14	46.6	47.3	48.0	48.6	49.3	49.9	50.5	51.1	51.7	52.3	52.8
15	48.2	48.9	49.6	50.3	51.0	51.6	52.3	52.9	53.5	54.1	54.7
16	49.8	50.5	51.3	52.0	52.7	53.3	54.0	54.6	55.3	55.9	56.5
17	51.3	52.1	52.8	53.6	54.3	55.0	55.7	56.3	57.0	57.6	58.2
18	52.8	53.6	54.4	55.1	55.9	56.6	57.3	58.0	58.6	59.3	59.9
19	54.3	55.1	55.9	56.6	57.4	58.1	58.8	59.5	60.2	60.9	61.5
20	55.7	56.5	57.3	58.1	58.9	59.6	60.4	61.1	61.8	62.5	63.1
21	57.1	57.9	58.7	59.5	60.3	61.1	61.9	62.6	63.3	64.0	64.7
22	58.4	59.3	60.1	60.9	61.8	62.5	63.3	64.1	64.8	65.5	66.2
23	59.7	60.6	61.5	62.3	63.1	64.0	64.7	65.5	66.3	67.0	67.7
24	61.0	61.9	62.8	63.7	64.5	65.3	66.1	66.9	67.7	68.4	69.2
25	62.2	63.2	64.1	65.0	65.8	66.7	67.5	68.3	69.1	69.8	70.6
26	63.5	64.4	65.4	66.3	67.1	68.0	68.8	69.6	70.4	71.2	72.0
27	64.7	65.7	66.6	67.5	68.4	69.3	70.1	71.0	71.8	72.6	73.4
28	65.9	66.9	67.8	68.8	69.7	70.6	71.4	72.3	73.1	73.9	74.7
29	67.0	68.0	69.0	70.0	70.9	71.8	72.7	73.6	74.4	75.2	76.0
30	68.2	69.2	70.2	71.2	72.1	73.0	73.9	74.8	75.7	76.5	77.3
31	69.3	70.4	71.4	72.3	73.3	74.2	75.2	76.1	76.9	77.8	78.6
32	70.4	71.5	72.5	73.5	74.5	75.4	76.4	77.3	78.2	79.0	79.9
33	71.5	72.6	73.6	74.6	75.6	76.6	77.5	78.5	79.4	80.2	81.1
34	72.6	73.7	74.7	75.8	76.8	77.8	78.7	79.6	80.6	81.4	82.3
35	73.7	74.8	75.8	76.9	77.9	78.9	79.9	80.8	81.7	82.6	83.5
36	74.7	75.8	76.9	78.0	79.0	80.0	81.0	82.0	82.9	83.8	84.7
37	75.7	76.9	78.0	79.0	80.1	81.1	82.1	83.1	84.0	85.0	85.9
38	76.7	77.9	79.0	80.1	81.2	82.2	83.2	84.2	85.2	86.1	87.0
39	77.7	78.9	80.0	81.1	82.2	83.3	84.3	85.3	86.3	87.2	88.2
40	78.7	79.9	81.1	82.2	83.3	84.3	85.4	86.4	87.4	88.3	89.3
41	79.7	80.9	82.1	83.2	84.3	85.4	86.4	87.5	88.5	89.4	90.4
42	80.7	81.9	83.1	84.2	85.3	86.4	87.5	88.5	89.5	90.5	91.5
43	81.6	82.9	84.0	85.2	86.3	87.4	88.5	89.6	90.6	91.6	92.6
44	82.6	83.8	85.0	86.2	87.3	88.5	89.5	90.6	91.6	92.7	93.6
45	83.5	84.8	86.0	87.2	88.3	89.5	90.6	91.6	92.7	93.7	94.7
46	84.4	85.7	86.9	88.1	89.3	90.4	91.6	92.6	93.7	94.7	95.7
47	85.4	86.6	87.9	89.1	90.3	91.4	92.5	93.6	94.7	95.8	96.8
48	86.3	87.5	88.8	90.0	91.2	92.4	93.5	94.6	95.7	96.8	97.8
49	87.1	88.4	89.7	91.0	92.2	93.3	94.5	95.6	96.7	97.8	98.8
50	88.0	89.3	90.6	91.9	93.1	94.3	95.5	96.6	97.7	98.8	99.8

（注1）タイヤと路面の摩擦係数は0.7とし、車両は縁石等に衝突することなく、路上で自然停止したものとした。
（注2）計算は例題⑧の式による。

文献紹介

　1と2は古い資料であるが、裁判所作成資料として価値がある。第一次交通戦争と言われた1970年代前半期に事件激増に対応し執務資料として活用された。現在でも役に立つ部分が多い。前者は基本的な論点解説の書、後者は交通事故をめぐるさまざまな鑑定事例を集めた例集。
　3は交通事故事件によく登場する基本的なデータや部品の名称などの説明のほか、関連の諸資料を収録している。交通事故事件の処理にあたる警察官に対する解説書。実務法曹にも役立つ。
　4と5は我が国の交通事故工学分析の泰斗とされる故江守一郎氏の著書。前者は自動車事故工学のテキスト、後者はさまざまの車種毎に典型的な事故例を挙げて事故分析を試みる応用編のテキスト。
　6はバイク工学のわかりやすい学習書。バイクの運転を知らない人が多いため、バイクの科学は実務法曹の弱点のひとつになっている。
　7は運転者の身体能力や心理特性に着目して安全運転を考察する新しい安全科学の書。運転者の特性、安定走行の能力、車間距離と危険認知などを分析・考察する。
　8は自動車と事故に関する科学をハード、ソフトの両面からわかりやすく分析した古典的な書籍。現在でも活用できる。
　9は医学、精神医学、心理学、環境、安全など、交通安全や交通事故をめぐる人間側の諸要素を総合的に考察する書。これも現代に生きる古典。
　10は飲酒と運転をめぐる科学や飲酒判定の科学のわかりやすい解説書。深刻な事件が報じられる割には酔いに関する解説書が少ない。
　11は信号制御の方式などを解説する説明書。事故発生時の表示信号をめぐる争いが後を絶たない中で、信号制御の科学に関する知識を求められている。
　12と13は科学警察研究所の研究室長（前者）・附属鑑定所長（後者）の編著書。前者は鑑定解析事例を挙げ、現場見分のための基本的な知識を解説したもの。後者は交通事故捜査や実況見分の注意を述べた指導書。いずれも交通警察官のための指導書だが、実務法曹にも役立つ。
　14は交通事故事件の弁護マニュアルをまとめた指導書。交通事故の基本知識を踏まえて調査方法を解説し、事故解析や尋問の方法を論じ、具体的な事件を挙げて学習する。
　15は疑似事故を発生させその目撃証言を分析し、目撃証言の特性や傾向を把握する。あるべき実況見分を考察した分析書。目撃証言は目撃者の状況や条件を反映して多様化することがわかる。
　16は道路交通政策の展開のなかで危険運転致死傷罪の登場が持つ意味を考察し、関連する刑法・刑事訴訟法上の諸問題を分析する。また、刑事政策や交通政策上の課題を総合的に検討する。危険運転致死傷罪のトータルな研究書。

　以下に、各文献の見出しを紹介する。検索の手引きにされたい。

文献紹介

1 最高裁事務総局刑事局・家庭局　交通事件執務提要　1970年2月　法曹会

1　自動車の種類・構造
  1　法令別車両の種類等対照表
  2　自動車等登録（車両）番号標等
  3　車両の型態（付・外車の種類）
  4　構造図（付・名称）
  5　死角に関する鑑定例
  6　基礎的運転操作
2　実況見分調書について
  1　警察庁が作成要領を示している交通事故現場見取図に記載する記号について
  2　交通事故鑑定の立場からみた実況見分上の留意点
  3　ステレオ・カメラによる交通事故処理の合理化について
  4　ステレオ・カメラの応用例
3　速度と制動
  1　速度測定の方法
  2　レーダー・スピード・メーターによる速度違反の取締り
  3　制動距離の意義
  4　自動車の速度と制動
  5　スキッド・マークの長さからの車速の推定について
  6　雨天時におけるタイヤスリップについて
  7　緊急停止時における制動距離と路面タイヤ間摩擦係数について
  8　制動距離および摩擦係数の研究－各種車両の急制動時における比較－
  9　スノータイヤについて
  10　自動二輪車の制動距離に関する鑑定例
  11　オイル・ブレーキの故障に関する鑑定例
  12　衝突までの時間
  13　車両の変形状況、衝突状況等から衝突時の車速を推定した鑑定例
  14　アスファルト道路（乾・湿）における制動距離と制動時間一覧表
4　走行中と衝突時の力学
  1　現在の都市交通事情下における車間距離に関する鑑定例
  2　ハイドロプレーニングについて
  3　スタンディングウェーブについて
  4　高速走行とタイヤの故障
  5　自動車衝突時の衝撃力
  6　歩行者と自動車の衝突現象
  7　横断歩道における歩行者の特性に関する研究
  8　自動車の性能および運転特性
5　死傷の原因と部位
  1　交通事故の傷害の種類と症状
  2　鞭打ち傷害
  3　むちうち損傷
  4　人体構造図
6　加害車両の特定
  1　自動車事故の損傷
  2　正面衝突事故における加害車の推定に関する鑑定例
  3　三重衝突事故における加害車の特定に関する鑑定例
  4　積荷した普通貨物自動車が時速三五粁で運行中に五歳の被害者を轢過した可能性に関する鑑定例
  5　スクーターの衝突により被害者が受傷したことの可能性に関する鑑定例
7　アルコール保有量と運転能力
  1　北川式飲酒検知器の構造、使用方法
  2　アルコールの影響により正常運転ができない恐れ
  3　飲酒実験により酩酊度を測定した鑑定例
  4　飲酒後の体内のアルコールの推移と神経系に対する影響
  5　運転機能におよぼすアルコールの影響
  6　アルコールが自動車の運転におよぼす影響についての鑑定例
  7　主要市販酒類のアルコール濃度一覧表
8　運転時における生理的機能
  1　動体視力について
  2　ブレーキ灯の見え方
  3　夜間自動車運転時の物の見え方と安全性について
  4　前照灯によって横断歩道、標識および歩行中の人物を発見する可能性についての鑑定例
  5　夜間すれ違い時のいわゆる歩行者の蒸発現象について

6 距離の絶対判断に対する車速の影響について
7 人の視覚からみた高速道路の問題点
8 サングラスを用いたときの信号燈の識別能について
9 疲労と運転事故
10 速度と疲労度の関係
9 運転者の心理ならびに通性
 1 ドライバーの心理
 2 事故多発者
 3 性格と事故
 4 交通事故の人格相応性について
 5 交通違反者処遇上の諸問題
10 運転者の労働条件
 1 交通災害と労働条件
 2 自動車運転者の賃金形態
11 保険金の請求手続と金額の査定
 1 政府の自動車損害賠償保障事業損害査定基準
 2 自動車保険普通保険約款（任意保険）
 3 責任保険の損害と支払い
（参考）
1 検証現場における安全確保
2 自動車関係用語解説
（付録）
交通事件関係文献目録

2 刑事裁判資料第207号　刑事事件鑑定例集（交通関係編）　最高裁事務総局　1974年3月

1 構造、機能
 1 事故の前後において正常に作動しながら事故時のみブレーキの効かない状態の有無。ベーパーロック現象発生の有無等
 2 事故時における加害車の制動装置の状態及びハンドルを左にとられた原因、大型貨物自動車の制動装置の特徴及び制動距離等
 3 事業用大型自動車が曲線走行する場合の内輪差
 4 自動車のドア開放角度と同方向に進行中の原動機付き二輪車との接触の相関関係等
2 運行記録計
 5 タコグラフチャート紙の解析、スリップ痕による速度算出等
 6 タコグラフチャート紙による車両走行状態の解析
 7 タコグラフチャート紙の解析による衝突時及び直前の速度の算出
 8 一定条件下で進行中のトラックが前方三メートル以内で急停車しうるための時速、同車の正面及び前方の死角の範囲等
 9 路面の摩擦係数を含む力学モデルによる加害車の急制動直前時及び衝突時の速度の算出
 10 普通乗用車が軽四輪貨物車をけん引し五・六メートル進行した時点での速度の推定
 11 車両の回転状況等による被害車両の速度の算出等
 12 自動車が発進後時速七三キロメートルに達するのに要する走行距離
 13 ブレーキ痕による急停車の措置をとった地点、進行速度、衝突までの時間及び停止距離の推定等
 14 大型バスが路面凍結時等において急制動ないし緩制動を行った場合の停止距離、停止角度の推定
 15 一定の条件下で進行中の車両が急制動により停止しうるまでの距離
 16 一定の状況下における車両速度と制動距離との相関関係、舗装道路の路面が凍結している場合と解け始めた場合とでの車両のスリップしやすさの差異等
 17 スリップ痕が、本件自動車によって付着されたものかどうか（ディスクブレーキとドラムブレーキの制動距離、制動状況、スリップ痕の長さ等の差異等）
 18 スリップ痕による制動直前の速度の算出
 19 自動車の衝突前後のスリップ痕及び被害自動車の移動状況による衝突時の速度の算出
 20 加害車及び被害車の各スリップ痕及び損傷状況による各車の進行速度、制動開始地点の推定
 21 先行車と追従する後行車が時速四五キロメートルで進行する場合、現在の都市交通事情において実行可能でかつ安全な車間距離
 22 速度違反取り締まりに供される自動車速度測定器の正確性と取扱法による誤差の程度
4 運転適性・運転技術等

23　一定の条件下で進行中の車両が急制動により停止しうるまでの距離及びその際のハンドル操作の可能性
24　ベーパーロック現象発生の有無及びそれが発生した場合の事故防止法
25　トラックの運転手として遵守すべき注意事項とその指導について
26　加害車は被害者を発見してからどの地点でブレーキが踏めるか
27　運転免許を得て僅か一ケ月位の運転手が自動車を操縦し、時速約二〇キロメートルで進行中前方約二メートルで被害者を発見した場合、その直前でハンドルを右に切って衝突を避けることができるか

5　視力・視界
28　夜間（冬季）降雨時に対向車のある場合の前方横断車の視認可能性等
29　対向車の前照灯のために前方注視が困難になる程度
30　対向車の前照灯にげん惑された後、視力を回復するのに要する時間
31　対向車の前照灯によるげん惑といわゆる蒸発現象との関係等
32　大型トラックが乗用車を追い抜いた場合の視界しゃへい等
33　進行中のトラックの運転席の正面及び前方の死角の範囲
34　本件自動車の運転席及び助手席より見た場合の左側バックミラーによる視野
35　大型貨物自動車の運転席において通常の姿勢で運転した場合の大型貨物自動車の運転者の死角の範囲
36　電車の運転者の右前方の死角の範囲

6　アルコール保有量と運転
37　時間の経過に伴うアルコール保有量の変化
38　飲酒後の一定時点におけるアルコール保有量
39　飲酒後一定時間経過後のアルコール保有量（ガスクロマトグラフによる定量等）
40　時間の経過に伴う酒酔程度の変化及びこれが運転機能に与える影響
41　飲酒が運転の能力に及ぼした影響、一定量を飲酒した場合の血液及び呼気中のアルコール保有量
42　呼気一リットル中〇・五ミリグラムのアルコール量を保有する状態での昼夜における車両の運転能力（特に反射神経と運転能力、視力と視野、聴力の関係）
43　血中のアルコール保有量の算定方法の正確性及び右算定につき考慮すべき事項等

7　死因・受傷の原因・部位・程度等
44　れき殺の可能性の有無及びれき殺されたとした場合のその態様

8　受傷状態・タイヤ痕・塗膜片・付着物等と事故車両の結び付き
45　被害者の創傷ならびに死亡は本件貨物自動車が接触又はれつ過したことによるものであるか等
46　被害者が本件車両にひかれる前に他車両によってひかれていた可能性の有無
47　乗用車が原動機付き二輪車を追い抜いた際の両車の接触の角度及び状況、車両と衣服の接触の有無等

9　事故の原因・状況
48　加害車両が時速四〇キロメートルないし五〇キロメートルで歩行者に衝突してはね飛ばした場合、衝突地点は被害者転倒地点より何メートル手前か
49　車両の損傷状態からみて加害車と被害車とは対面進行中に衝突したものか否か等
50　加害車の発車地点から被害者に衝突した地点までの走行所要時間、衝突直前の時速、被害者の衝突による移動方向等
51　自転車の破損状態等からみた自動車と自転車の衝突の方向、角度及び自転車の進路
52　追突された自動車に加えられた外力の大きさ、それによる右車の速度の変化（ブレーキをかけていた場合と否とに区別）等
53　衝突による運転者及び同乗者（助手席）の後部座席等への物理的移動の可能性、その場合の体位及び衝撃が身体に加わる部位等
54　衝突時点、衝突時の双方の車の状況、衝突部位等
55　事故時にハンドルを左にとられた原因
56　被害車の横すべりの原因について

10　その他
57　自動車の接触事故を起した者の衝撃後の心神の状況
58　アスファルト舗装道路を時速三〇キロメートルで走行中の自動車が急停止した場合後部座席の乗客に与える衝撃の程度
59　警察官が使用した飲酒検知管と鑑定人が使

用した飲酒検知管との性能の異同
60　自動車が消音器を使用して走行した距離

61　ダンプカーの左折時における遠心力による
　　　左車輪の浮上

3　牧野隆編著　〔第4版〕図解　交通資料集　2016年12月　立花書房

走行・制動関係

時速・秒速換算表／秒間における時速別進行距離表／1秒間に進む距離（人・車）／性別・年齢層別パーセンタイル歩行速度／性別・横断時間帯別パーセンタイル歩行速度／100mの所要時間（自転車・歩行者）／歩行・走行の秒速調査表／幼児が50mを歩く所要時間（単位　秒）／50m平坦地における全力疾走／制動過程図（Ⅰ）／制動過程図（Ⅱ）／停止距離と停止時間／摩擦係数表／摩擦係数の速度・路上状況による変化／路面状況別ブレーキ性能／晴天・雨天時のブレーキ性能の変化／空走時間・空走距離表／停止距離表（乾燥・湿潤）／時速別停止距離表／時速別停止時間表（乾燥・湿潤）／減速後の速度・減速距離表／アスファルト路面上における制動距離表（乾燥・湿潤）／自動車の標準加速／自動車の発進加速の限界／制動力・駆動力係数に係わる座標軸／乗用車の車種別最大加速性能表／肉眼による死視角図／ルームミラー・バックミラーによる死視角図／スリップ痕による車速算出表

衝突関係

スリップ痕と制動距離の関係／スリップ痕の長さと衝突速度・制動初速度表／制動速度・衝突速度表／速度毎・勾配別制動距離表（乗用車制動）／速度毎・勾配別転倒滑走距離表（バイク滑走）／速度毎・勾配別制動時間表／大型トラックの積載率と制動距離表／路面の摩擦係数／タイヤスキッド痕（スキッドマーク）／摩耗タイヤと湿潤路面における摩擦係数／冬季路面の摩擦係数／歩行者が跳ね飛ばされた距離から自動車の衝突速度を推定する方法／歩行者が跳ね飛ばされた距離と自動車の衝突速度／自転車の制動時の摩擦係数／ノーズダイブ／追突事故における前車・後車のブレーキ状態／急制動時の速度毎・乗員数別ノーズダイブ・テールリフト量の変化／乗員数別前・後バンパーの沈み量／知覚反応時間／車間距離・停止距離／エンジンブレーキ・パーキングブレーキ／自動車の内輪差／限界旋回速度の証明／曲率半径の測り方／カーブの半径と安全旋回速度と限界速度／追越しに必要な距離／追越しに必要な距離表／自動車の衝突時間／自動車事故の衝撃度／人間は自分でどの位の重さを踏ん張れるか／自動車事故の構図／路外転落速度の推定方法／自動二輪車バイクの転倒／車体部品等の落下物分散による運動状態の推定／車両構造と事故損傷／運動特性から車両損傷部位の読み方／車両ボディの動き／ロールセンタハイト／自動車の衝突試験／有効衝突速度／損傷エネルギーより算出（車体変形による固定壁換算速度の算出）／車体に生じた衝突痕の分類／自動車事故見分事項

飲酒関係

酒気帯び・酒酔い運転の認定／アルコールの吸収と分解／飲酒量から血中（呼気中）アルコールを計算で求める方法／酒類のアルコール含有量（濃度）／体内アルコール濃度算定方法（ウィドマーク式算定法）／飲酒酩酊度の区分表／各種アルコール飲料のアルコール含有量／体重別呼気中アルコール濃度（ビール）／体重別呼気中アルコール濃度（日本酒）／呼気中アルコール濃度（瓶ビール）〈男〉／呼気中アルコール濃度（瓶ビール）〈女〉／呼気中アルコール濃度（缶ビール）〈男〉／呼気中アルコール濃度（缶ビール）〈女〉／呼気中アルコール濃度（日本酒）〈男〉／呼気中アルコール濃度（日本酒）〈女〉／呼気中アルコール濃度（焼酎）〈男〉／呼気中アルコール濃度（焼酎）〈女〉／酒酔い・酒気帯び鑑識カード／鑑定嘱託書

人体各部の名称

人体各部の名称（顔・耳）／人体各部の名称（全身）／人体各骨の名称（全体）／人体各骨（頭蓋）／人体各骨（脊柱）／人体各骨（胸郭）／人体各骨（上肢の骨格）／人体各骨（下肢の骨格）／人体各骨（歯）／人体各部（大脳）／人体各部（内臓）／人体各部（眼）／人体各部（耳）

車両各部の名称

自動車各部の名称（フロント）／自動車各部の名称（リヤ）／ブレーキ系統の名称／車底部構造の名称／自動車室内の名称／エンジンルーム

文献紹介

の名称／車底部・フロントサスペンションの名称／バイクの主要諸元／自動二輪車各部の名称（オンロードタイプ）／原動機付自転車各部の名称（スクータータイプ）／自転車各部の名称（シティタイプ）／自転車各部の名称（スポーツタイプ）／タイヤの表示／代表的な表示例（タイヤの呼び）／4×4用タイヤのサイズ表示・強度表示／タイヤの速度記号／ラジアル構造・バイアス構造の図解／タイヤの構造と部分名称／乗用車用ラジアルタイヤの断面構造／ホイール各部分の名称／ホイールサイズの読み方／トレッドの基本パタン／タイヤの諸元（Ⅰ）／タイヤの諸元（Ⅱ）／タイヤの諸元（Ⅲ）／タイヤの損傷の種類／タイヤの異常摩耗／タイヤに関する騒音／タイヤチェーンの種類・用途

交通事故処理関係

交通事故・事件処理系統図／捜査手続の流れ／逮捕後の手続（刑事訴訟法）／刑事手続の流れ／公判手続概要（刑事訴訟法、刑事訴訟規則）／保険会社への保険金請求時に必要な書類等（原則）／交通信号機制御の種別／信号サイクル図（Ⅰ）／信号サイクル図（Ⅱ）／信号サイクル状況報告書／信号サイクル表／信号現示報告書／交差点信号設置略図／被疑車両進行状況（推定）見取図／交通事故（死亡）事件通報／交通事故現場見取図／信号機現示状況捜査報告書

交通事故処理ポイント

1　無免許・酒気帯び・居眠り等が原因の事故

運転技術未熟事故／酒酔い運転事故／居眠り・過労・薬物運転等による事故

2　交差点事故

交通整理の行われている交差点事故／交通整理の行われていない交差点事故／交差点の右折事故／交差点の左折事故

3　歩行者事故

横断歩道上の歩行者事故／横断歩道外の歩行者事故

4　進行中の事故

眩惑事故／進路変更による事故／曲がり角・屈曲場所での事故／滑走事故／追い越し（追い抜き）事故／駐停車車両の側方通過時の事故／狭隘な道路における事故／対向車両との事故／追突事故／転回時の事故

5　発進・後退時の事故

発進時における事故／後退時における事故

6　特殊形態の事故

進行中の自然開扉事故／同乗者・乗客の転倒・転落事故／開扉降車時の事故／停止降車後の事故／自転車による事故／積荷事故／故障車両による事故／踏切事故

その他の資料

道路標識に記載する車両の種類と略称／免許証に記載する車両等の略語／法定速度一覧表／道路交通法による車両の分類表／道路運送車両法による車両の分類表／道路交通法と道路運送車両法の車両区分のまとめ／道路交通法の車両区分／車両等の種類／反則金等／交通反則切符による事件処理手順／道路交通法違反処理手続／交通事件等検挙から判決まで／交通切符による道路交通法違反事件の処理系統図（成人事件）／免許の条件等（Ⅰ）／免許の条件等（Ⅱ）／ナンバープレート／明るさを示す単位（概要）／音を示す単位（概要）／犯罪事実記載例（酒気帯び運転等）／酒気帯び運転等の供述調書（甲）／酒酔い運転の弁解録取書／酒酔い運転の供述調書（乙）／後遺障害（自動車損害賠償保障法施行令）／標識の種類と意味／実況見分で明らかにする地点

付録

1　交通事故調査

実況見分記録の重要性／車両火災／水没事故／交通事故鑑定

2　自動車の安全装置

シート・ベルト／エア・バッグ／ABS（アンチロック・ブレーキ・システム）／ヘルメット／ヘッドレストレイント／ドライブレコーダ／安全装置の総合効果／自動車アセスメント／運転支援システム

3　むちうち症

日の出・日の入時刻一覧

4　江守一郎　新版　自動車事故工学―事故再現の手法―　1993年5月　技術書院

第1章　自動車事故工学とは
　第1節　はじめに
　第2節　超システムと準システム
第2章　自動車事故再現の目的
　第1節　工学的な目的
　第2節　法的な目的
第3章　事故における人間の特性
　第1節　反応遅れ
　第2節　人間が犯すミス
　第3節　人間の強度
　第4節　動物実験
第4章　自動車の性能
　第1節　駆動性能
　第2節　曲進性能
　第3節　減速性能
第5章　タイヤのスリップとハイドロプレーニング
　第1節　制動時のタイヤ摩擦
　第2節　タイヤのスリップ痕
　第3節　ハイドロプレーニングの機構
第6章　自動車事故の解析
　第1節　自動車事故の力学的観察
　第2節　対壁および対固定物衝突
　第3節　自動車同士の一次元衝突
　第4節　質点の斜め衝突
　第5節　自動車同士の二次元衝突
　第6節　乗用車以外の車両の事故
　第7節　歩行者事故
　第8節　単独事故
第7章　衝突時における乗員の運動
　第1節　自動車に対する相対運動
　第2節　追突におけるむち打ち
第8章　自動車衝突の実験
　第1節　実車実験
　第2節　模型実験
第9章　事故の調査と記録
　第1節　路面に残された証拠と車両の停止位置
　第2節　物体の破損
　第3節　自動車の破損
　第4節　証言
　第5節　記録写真
事故再現の実例

5　江守一郎　実用自動車事故工学―事故の解析と再現―　1985年10月　技術書院

乗用車
　事故例1　酩酊していた乗員のうち誰が運転していたのか
　事故例2　死亡した人が運転していたのか
　事故例3　正面衝突した2台の乗用車はどちらから走って来たか
　事故例4　出会い頭衝突した2台の乗用車はどちらから走って来たか
　事故例5　赤信号で進入したのはどちらの車か
　事故例6　道路から斜面に飛び出した乗用車の速度は？
二輪車
　事故例7　2人乗りのバイクの乗員はタクシーに当たって死んだのか
　事故例8　バイクはどのくらいの速度で右折車に衝突したのか
　事故例9　原付はダンプに追突されて轢かれたのか
　事故例10　自転車は一時停止したのか飛び出したのか
　事故例11　自転車と原付はどこで衝突したのか
トラック
　事故例12　ダンプと乗用車はどちらが中央線を越えたのか
　事故例13　ばら積みトラックと乗用車の衝突地点はどこか
その他
　事故例14　フォークリフトに積んだ鋼材と乗用車はどこで衝突したのか
　事故例15　横断歩道を横切ったバスガイドはどの車に接触されたのか
原理
　原理1　車両の加速
　原理2　車両の減速

文献紹介

(1) 滑りによる減速　(2) タイヤ痕の形状　(3) 空走距離
原理3　車両の曲進
(1) 操舵機構　(2) カーブの曲率半径　(3) 曲進性能
原理4　車両どうしの衝突
(1) 衝突と衝突後の運動　(2) 作用・反作用　(3) 衝撃力による物体の速度変化および回転　(4) 質点の衝突　(5) 衝突による速度変化と車両の損傷
原理5　各車両の特殊性
(1) トラック　(2) バイク　(3) トラクター・トレーラー
原理6　衝突における乗員の運動
原理7　歩行者が乗用車にはねられた場合の運動
原理8　当事者らの証言

6　和歌山利宏　ライダーのためのバイク基礎工学　1987年6月　グランプリ出版

第1章　バイクの操縦安定性
　Ⅰ　バイクはなぜ倒れない
　Ⅱ　バランスの力学
　Ⅲ　前後のバランス
　Ⅳ　タイヤの力学と性質
　Ⅴ　操縦安定性の向上
第2章　ディメンジョン
　Ⅰ　ステアリングまわりのアライメント
　Ⅱ　リアスイングアームまわりのジオメトリー
　Ⅲ　全体のディメンジョン
　Ⅳ　重量バランス
　Ⅴ　バイク全体のマッチング
第3章　シャシー剛性
　Ⅰ　シャシー剛性
　Ⅱ　各コンポーネントの剛性
第4章　サスペンション
　Ⅰ　サスペンションのはたらき
　Ⅱ　サスペンションの理論
　Ⅲ　フロントフォーク
　Ⅳ　リアサスペンション
第5章　ブレーキ
　Ⅰ　ブレーキの理論
　Ⅱ　ブレーキに求められる特性
　Ⅲ　ブレーキ関連のメカ
第6章　エンジン
　Ⅰ　性能
　Ⅱ　エンジンの形態

7　牧下寛　安全運転の科学　2006年2月　九州大学出版会

第Ⅰ部　運転者の特性と違反・事故
　第1章　認知・判断の遅れに関連する交通事故
　第2章　運転者全体でみた場合の違反と事故
　第3章　運転者の身体能力及び心理特性と違反・事故の関係
第Ⅱ部　衝突回避と安定した走行に関係する能力
　第4章　緊急時の制動
　第5章　反応時間
　第6章　車間距離の個人特性
　第7章　先行車別、昼夜別の距離感
　第8章　車間距離の維持に関する能力
第Ⅲ部　車間距離の実態
　第9章　危険認知時の速度と車間距離
　第10章　交通流の中の速度と車間距離
　終　章　車間距離のあり方と事故防止対策の位置づけ

8　大阪交通科学研究会　安全運転の科学12章　1976年6月　株式会社企業開発センター

第1章　クルマのしくみ
　運転はできてもメカに弱いドライバー／自動車といえない自動車／自動車のとらえ方いろいろ／「システム」とは／「マン・マシン・システム」としての自動車／交通事故ーそれはシステムの故障／自動車のあらまし／動力発生装置

（エンジン）／動力伝達装置／制動装置／操向装置／けん架装置／走行装置

第2章　自動車の運動力学的特性
クルマ自身の運動特性／自動車の走行を妨げる力（走行抵抗）／"ころがり抵抗"／"空気抵抗"／一定走行時の全走行抵抗／"登坂抵抗"／"加速抵抗"／タイヤと路面の粘着力／自動車の制動特性／自動車が止まる理由／車輪をロックさせると制動距離は長くなる／前輪と後輪のブレーキ力は同じではない／制動時のブレーキ力は一定か／ブレーキ・オイルが加熱すると／耐フェード性のブレーキーディスク・ブレーキ／自動車の停止距離／ステアリング・ギヤ比の意味するもの／旋回のしくみ／タイヤの横すべりとタイヤに働く力／旋回能力をあらわすコーナリング・パワー／アンダ・ステアとオーバ・ステア／アンダ・ステアはなぜ運転しやすいか／エンジンと駆動輪の位置によって異なるステアリング特性／速度の2乗に反比例するハンドル操作の限界／重心位置の変動によって変わるステアリング特性／重心位置の変動によって変わる安定性／ドリフトとスピンの違いは／操縦不能に陥るハイドロプレーニング／ハイドロプレーニングを起こさないための運転とは／故障と同じブレーキの濡れ／タイヤのトラブル-スタンディング・ウェーブ／高速走行時、急に横風をうけると

第3章　事故の起きやすい道路の条件
道路の種別と事故／高速道路での事故／高速道路の特徴／高速道路での運転／幹線道路・生活道路での事故／交差点と事故／交差点の分類／多枝交差点での事故／時差信号方式の交差点／その他の交差点／高架構造物・分離帯と事故／道路の勾配と事故／カーブと事故／トンネル・橋などと事故

第4章　知覚のしくみ
知覚と行動／客観的環境と心理的環境／知覚の選択性／知覚と関心・欲求／知覚と経験／知覚と予期・構え／知覚と意味づけ／知覚と態度・価値／知覚と集団

第5章　事故と注意
不注意事故／事故の背景には複雑な要因がある／目覚めているためには刺激が必要／オヤッ反応／自発的観察反応／注意の広さ／注意は流れる水の如く／カクテルパーティの不思議／"流れ"の力／ポンとスイッチ、パッと映る／さがし絵／「不注意」は防げないが、「不注意事故」は防げる

第6章　反応時間
反応時間と交通事故の関係／事故の多くは、危険に気づいたときにはすでにどうにも避けられないという形で起こっている／事故多発者と無事故者の間には反応時間の早さの点で差は認められない／動作反応が知覚反応にくらべてすぐれている者が事故を起こしやすい／運転時の反応時間のとらえ方／現在の反応時間の基準とその由来／現在の反応時間の基準の問題点

第7章　運転と疲労
疲労の正体／自動車の運転と疲労／連続運転の限界／睡眠と疲労／休憩のとり方／運転経験と疲労／運転疲労の測定／疲労の効用

第8章　運転とアルコール
なぜ酒を飲むのか／飯酒と運転／アルコールはそのまま血液に吸収される／酔いの度合い－体内アルコール濃度／アルコールと個人差／酒酔いの生理／血中アルコール濃度と身体機能／アルコールは判断力や自制心に悪影響をおよぼす／飲酒運転時の障害／三つの実験／血中アルコール濃度と事故率／交通モラルの向上をはかる

第9章　事故と人間の知能・性格
知能とは何か／何で知能を測るか／事故と知能／知能が高ければ安全というものでもない／知能と事故はストレートに結びつかない／性格とは何か／性格類型論／性格特性論／事故多発者の性格／心理テストの利用方法／今後の展望

第10章　運転態度
運転は人柄／まず「態度」とは／運転態度とは／運転態度の測定／運転態度の形成／運転態度の変容

第11章　事故と性と年齢
事故と性／事故遭遇率の男女差／事故発生率の男女差／男女の運転の仕方／事故と生理期／事故と年齢／年齢別事故発生状況／事故の起こしやすさ／年齢との関連でみた事故原因／心身機能よりもパーソナリティ

第12章　運転適性
一般適性と運転適性の相違点／運転適性をどう考えるか／社会的視点からみた適性／適性の基本とは何か／基準の設定／運転適性は不変ではない／心身機能とパーソナリティ／NF安全運転適性テスト／気質と事故傾向

文献紹介

9　大島正光編　からだの科学臨時増刊　交通と人間　1986年6月　日本評論社

　　交通と人間
　　交通災害の現状
　　緊急医療体制
■交通と医学
　　交通と疲労
　　運転時の動的脳波活動
　　受傷のメカニズム
　　交通外傷　むちうち症を含めて
　　交通と視覚　色覚異常を含めて
　　交通と聴覚
　　交通と筋運動制御
　　交通と飲酒
　　車と速度
　　ドライバーと年齢・性
　　居眠り運転
■交通の精神医学・心理学
　　ドライバーの精神医学
　　ドライバーの心理
　　事故の心理
　　交通と錯覚
　　運転適性
　　パニック状態
　　交通とヒューマン・エラー
　　ドライバーの意識
■交通と環境
　　交通と公害
　　交通と道路
　　交通と信号
　　交通と標識
　　交通と情報
　　交通と照明
■交通と安全
　　安全人間工学
　　安全教育と訓練
　　安全運転
　　シートベルト
　　運転の上手・下手

10　古村節男　酔いの科学　1994年2月　共和書院

Ⅲ　酔いの科学（藤宮龍也）
　1　お酒は薬
　　　酔うとは
　　　酒は全身麻酔薬
　2　血中アルコール濃度と酔いかげん
　　　爽快期
　　　ほろ酔い初期
　　　ほろ酔い後期
　　　酩酊期
　　　泥酔期
　　　昏睡期
　3　アルコールの行方
　　　お酒の吸収
　　　胃からの吸収
　　　腸からの吸収
　　　全身に行き渡るお酒
　　　体は如何にしてアルコールを処理するか
　　　ほろ酔い気分の時、体は限界に達している
　　　アルコール代謝の三経路
　　　アルコールは栄養か？
　　　アルコールは空のエネルギー
　　　アルコールをいつも飲むと体質が変わる？
　4　お酒で悩まないために
　　　上戸と下戸は先天的に決まっている
　　　日本人の上戸は世界一の上戸？
　　　超上戸・並上戸・並下戸・超下戸の四タイプ
　　　上戸とアルコール依存症
　　　アルデヒド中毒（アルデヒズム）
　　　悪玉アセトアルデヒド
　　　アルデヒズム予防法(1)・下戸編
　　　アルデヒズム予防法(2)・上級者編
　5　お酒で苦しまないために
　　　お酒には致死量がある－急性アルコール中毒
　　　イッキ飲みは危険
　　　無理に飲ませたらお縄になることもある
　　　急性アルコール中毒になったら窒息予防

お酒に強い人の条件
　　　科学的飲酒方法の決め手は吸収相
　　　アルコールは汗からも尿からも出る
　　　メオスを鍛える
　　　肝臓をいたわろう
　　　女性はお酒に弱い
　　　胎児はお酒に弱い
　　6　酔いの作法
　　　酒に飲まれない飲み方
　　　血中アルコール濃度を予測する
　　　アルコールの代謝量は時間あたりほぼ一定
　　　三合イッキ飲みも一合ずつ一時間おきに三
　　　回飲んでも代謝時間は同じ
　　　二日酔いの原因
　　　二日酔いになった時
　　　二日酔いには予防が肝心
　　　酔いの作法
　　7　アルコールと臓器
　　　アルコールと心臓
　　　アルコールと肝臓
　　　アルコールと膵臓
　　　アルコールと胃腸
　　　アルコールと性機能など

11　社団法人　交通工学研究会　改訂　交通信号の手引き　2006年7月　丸善株式会社

1　序論
　1　交通信号の歴史
　2　信号制御の考え方
　3　本書の構成
2　信号制御の基本的事項
　1　信号制御の基本要素
　2　信号制御方式
　3　信号制御の評価
3　信号制御の設計
　1　信号表示案の設計手順
　2　交差点交通量の整理と設計交通量の設定
　3　現示方式の設計
　4　飽和交通流率の設定
　5　右左折専用車線の交通処理量の算定
　6　現示の需要率と交差点の需要率の算定
　7　黄・全赤時間の設計と損失時間
　8　サイクル長の設定
　9　スプリットの算定と検討
10　計算例
11　系統制御に関する基本的事項
4　信号制御の方式
　1　定周期制御
　2　交通感応制御
5　信号制御機器の種類と設置
　1　設置にあたっての留意事項
　2　信号灯器
　3　制御機
　4　車両感知器
　5　その他の機器
6　信号制御の運用と改善
　1　信号制御の運用と管理
　2　制御性能の継続的監視と運用改善の必要性
　3　運用改善対象交差点の抽出
　4　対象交差点における要因別の対策
　5　改善結果の検証と管理

12　上山勝編著　〔新装版〕交通事故の実証的再現手法―事故調査と再現―
　　2008年9月　技術書院

Ⅰ　事故再現と裁判
　第1章　事故再現・調査の基本
　第2章　実況見分と鑑定
　第3章　裁判事例
Ⅱ　鑑定解析事例
　第1章　衝突速度の推定
　第2章　衝突挙動
　第3章　運転車の特定
Ⅲ　現場見分のための基本的な事項
　第1章　スキッドマークの見方
　第2章　ブレーキ故障の見方
　第3章　ステレオカメラの利用

文献紹介

13　上山勝　考える交通事故捜査
　　──現場でできる科学的な捜査とは　2003年7月　技術書院

第Ⅰ編　交通事故捜査の考え方
　第1章　科学的な交通事故捜査とは
　第2章　間違いのない未完成品としての事故捜査
　第3章　先入観の排除（轢き逃げ事故を例に）
第Ⅱ編　事故調査と実況見分
　第4章　実況見分の検索ファイル
　　A．衝突地点の検討
　　　ファイルA-1（普通乗用車と大型貨物車の正面衝突）
　　　ファイルA-2（乗用車同士の右直横断事故）
　　　ファイルA-3（普通乗用車同士のオフセット正面衝突）
　　B．運転者の特定
　　　ファイルB-1（2人乗り原付車の出合頭事故）
　　　ファイルB-2（普通乗用車の単独事故）
　　　ファイルB-3（2人乗り自動二輪車の出合頭事故）
　　　ファイルB-4（2人乗り自動二輪車の右直事故）
　　C．運行記録計による事故捜査
　第5章　実況見分の実例
　　事故例1（普通乗用車と自動二輪車との右直事故）
　　事故例2（タクシーと自動二輪車との右直事故）
　　事故例3（普通乗用車の赤信号無視による出合頭事故）
　　事故例4（タクシーと普通乗用車との右直事故）
　　事故例5（普通乗用車と信号無視の歩行者との衝突事故）

14　日本弁護士連合会人権擁護委員会　分析交通事故事件　1994年11月　日本評論社

第1部　交通事故事件弁護マニュアル
基礎篇　交通事故解明の基礎知識
　第1講　交通事故の実情解明とは
　第2講　実情解明のための弁護人の作業
資料入手篇　必要な資料の入手方法
　第3講　事件記録中の写真はどのように入手、再現するか
　第4講　事故証明や車検証はどのように入手するか
　第5講　事故車両の図面やデータはどのように入手するか
　第6講　現場の道路図面はどのように入手するか
事実調査篇　現場や車両の調査方法
　第7講　現場の検尺はどのようにするか
　第8講　現場の撮影はどのようにするか
　第9講　車両の撮影はどのようにするか
事故解析篇　分析的書面の検討の方法
　第10講　実況見分調書等の証拠調べ請求に対する基本的姿勢
　第11講　実況見分調書や鑑定書によくある問題点
　第12講　鑑定書を理解するうえで必要な力学的公式
反対尋問篇　分析者に対する反対尋問の方法
　第13講　反対尋問をするまえに準備しておくこと
　第14講　鑑定人を尋問する際の基本的な心構え
　第15講　鑑定人に対する反対尋問の実践上の工夫
積極立証篇　効果的な反撃のための知識
　第16講　積極的な反証を行うための注意事項
　第17講　有効な鑑定を得るための留意点
　第18講　鑑定人はどのように探すか
おわりに　科学解析の前進に向けて
第2部　ケーススタディ交通事故事件
業務上過失致死事件　受任から無罪判決まで
付録
力学の基礎知識
文献紹介

15 交通法科学研究会　科学的交通事故調査
　　——実況見分調書の虚と実　2001年2月　日本評論社

第1章　実況見分調書のどこが問題か
　実況見分調書の意義と各ケースをみる視点
　〈ケース1〉　調書が一部証拠排除となった事例
　　——時差式信号機事件
　〈ケース2〉　報告書の証拠調べ請求が取り下げられた事例——信号表示「記載ミス」事件
　〈ケース3〉　警察の「教育」による調書作成事例——国道1号線「横断」事件
　〈ケース4〉　捜査不十分が影響を与えた民事事件の事例——盲人死亡事故事件
第2章　交通事故調査の体験的分析——フィールドワーク
　本実験の趣旨および概要
　実験結果分析について
　〈A班〉　立会人の記憶の偏りが統制された事例
　〈B班〉　捜査官と立会人の関係性が影響した事例
　〈C班〉　目撃情報の少なさのために、誘導的質問が明確にあらわれた事例
　〈D班〉　立会人の記憶が鮮明だった事例
　〈解説1〉　法実務の立場から
　〈解説2〉　人間工学の立場から
第3章　交通事故調査の改善に向けて——真実発見のために
　実況見分に関する改善提言——人間工学原理の導入を
　交通事故事件と科学解析・科学鑑定
　実況見分調書——その「吟味のシステム」の模索
　〈資料〉　実況見分過程各班プロトコル

16 交通法科学研究会　危険運転致死傷罪の総合的研究
　　——重罰化立法の検証　2005年11月　日本評論社

第Ⅰ部　総論
　第1章　道路交通政策の展開と危険運転致死傷罪
　第2章　刑事法における被害者の位置づけ——危険運転致死傷罪を契機に
　第3章　危険運転致死傷罪施行をめぐる状況に関する社会学的一考察——社会学的リスク研究を手がかりとして
　第4章　自動車運転による死傷事犯に関する刑法改正——審議過程の紹介と分析
　第5章　危険運転致死傷罪の弁護経験から
第Ⅱ部　刑法・刑事訴訟法上の諸問題
　第1章　危険運転致死傷罪の解釈
　第2章　危険運転致死傷罪における危険概念
　第3章　危険運転致死傷罪における主観的要件
　第4章　捜査手続における危険運転致死傷罪の問題
　第5章　危険運転致死傷罪と交通業過致死傷罪——訴因論を手がかりとして
第Ⅲ部　刑事政策・交通政策上の課題
　第1章　危険運転致死傷罪の量刑
　第2章　危険運転致死傷罪と交通事犯者の処遇
　第3章　危険運転致死傷罪施行・道路交通法一部改正と関係する交通統計の概観と検討——事故抑止効果との関連から
　第4章　警察庁統計からみた交通事故現状と有効な再発防止対策
　第5章　道路交通事件の厳罰化と非犯罪化

17 高山俊吉・永井崇志・赤坂裕志編　挑戦する交通事件弁護　2016年　現代人文社

ケース1　車が自転車に衝突したか、自転車が車に衝突したか？……阿波弘夫
ケース2　衝突地点についての検察側証拠（鑑定）を突き崩す……中間陽子
ケース3　自覚のない視野欠損があっても結果回避可能であったといえるか……戸城杏奈・小椋和彦
ケース4　被害者に傷害を負わせたのは被告人車両か……新川登茂宣
ケース5　裁判所の検証において事故状況を再現

文献紹介

する難しさ……彦坂幸伸
ケース6　被害者・目撃者の供述と「突合せ捜査」への疑問を提示……高部道彦
ケース7　衝突後の信号機を確認した目撃者証言……三浦佑哉
ケース8　世間の厳しい風に惑わされない冷静な司法判断を望む……春山九州男
ケース9　危険運転致死傷罪と自動車運転過失致死傷罪の狭間……森岡かおり
ケース10　オービス写真を用いた顔貌鑑定の推認力……百武大介
座談会　交通事件の弁護活動はどのように行うか

18　高山俊吉　入門　交通行政処分への対処法　2017年　現代人文社

1　行政処分と刑事処分
2　点数制度の基本的なしくみ
3　一般違反行為とその点数
4　基礎点数とその加算の方法
5　累積点数の計算―原則と例外
6　停止・取消しの処分基準と前歴計算
7　点数制度の問題点
8　意見聴取・聴聞に関するルール
9　意見聴取・聴聞の実際
10　意見聴取に向けた準備
11　意見の骨格
12　処分量定の特例及び軽減の基準
13　補佐人就任
14　意見聴取と処分結果
15　短期停止処分と処分対象前事案
16　道交法2009年大改正
17　速度違反
18　携帯電話使用等
19　酒気帯び・酒酔い運転
20　ひき逃げ
21　無免許・免許失効
22　事故と行政処分
23　審査請求
24　意見聴取改革のための具体的な提言
25　行政処分改革に向けた提言

索　引

《あ行》

あおり運転　83, 84
あおり行為　100
赤色信号　75, 77, 84, 85, 86
明るさ　140
足　29
アスファルト　52
　　──道路　52
雨合羽　36
アルコール　75, 76, 77, 79, 80
安全運転ガイド　141
安全ベスト　35
意見書　122
意見聴取　97, 99, 102, 103, 104, 105, 106, 107, 108, 109
医師　17
移植ゴテ　36
一眼レフ　16, 18
　　──型カメラ　30
1次衝突　125, 126
一時停止　41, 67
　　──線　3
一般違反行為　100, 101, 102
一般違法行為　101
一般国道　20
一般道路　20
移動距離　8, 69, 70, 151
印象地点　119, 120
印象方向　124
ウィンカー　41
ウォーキングメジャー　15, 28
雨天用紙　32
運行記録計（タコメータ）　21
運転　8
　　──記録証明書　106
　　──者　3, 6, 7
　　──状況　14
　　──席　6, 7
運輸支局　18
延期申請　107
遠心力　71, 126
縁石　29, 152, 153
負い目　142, 144

《か行》

横断歩道　29, 136, 140
憶測やこじつけ　50
押し戻し後退速度　51
折り込み広告　15
折り畳みスコップ　36

《か行》

開示請求　129
懐中電灯　15, 35
回転半径　58
回避可能性　41
解剖医　17
ガウジ痕（gouge痕）　119, 120, 121, 124, 125, 126, 128, 131
加害者　18
科学警察研究所（科警研）　39, 47, 48, 130
科学捜査研究所（科捜研）　39, 47, 48, 130
確定解　49
確認地点　121
過失　6, 8, 9, 15, 17, 18, 41, 42, 133, 134, 137, 143, 146, 147, 148
　　──運転致死　137, 143
　　──運転致死罪　116
　　──責任　41
加速度　52, 57, 59, 60, 64, 65, 66
カタログ　19, 20
滑走　8
　　──距離　69, 151, 152
ガードレール　3, 6, 7, 115, 117, 121, 124, 125
画板　32
カーブ　71
紙ばさみ　32
紙焼き（印画紙）　16
　　──写真　17
ガムテープ　15, 32
カメラ　15, 16, 18, 30
　　──用三脚　29
画用紙　15
ガラス片　37
過労運転　94
乾燥アスファルト路面　57
鑑定意見書　122
鑑定事項　43, 44, 47, 148, 149
鑑定書　39, 116, 117, 118, 121, 122, 130, 139, 140,

169

索　引

　　　　　142, 144, 145, 148, 149
鑑定人の党派性　53
鑑定の党派性　53
ギア付きの巻尺　25
危険性帯有　100
期日間整理手続　127
基礎点数　100, 101
技能　75, 77, 78, 82, 83
逆行性健忘　47
救急医療態勢　93, 94
救急車　50
救護義務違反　100, 147
急制動　116, 134, 137, 142, 143, 147
　　──痕　126
急転把　6
急ブレーキ　6
供述調書　6
業務上過失致死　116
曲進性能　82
曲率半径　26, 58
距離　6, 7, 8
　　──測定　15
禁錮　7
近接撮影　18
金属製巻尺　23
空気抵抗　69
空走距離　141, 144
クォータパネル　117
草地　52
屈曲角度　124
計算機　15
計算ミス　49
刑事記録　18
刑事訴訟法第321条3項の類推　138
刑事弁護センター（刑弁センター）　119
傾斜　64
　　──角　63, 153
　　──路面　63
刑責を問われる過失　91
携帯暖房具　36
血痕　37
原因事実　88
研究体制　54
限定条件　52
現場　8
　　──調査　15
　　──見取図　8, 14, 38
厳罰主義　91, 92
好意同乗者　14

広角レンズ　16, 30
航空写真　138, 141
交差点　3, 25, 150, 88, 89, 90, 91, 92, 93
交差道路　25
　　──の交角　25
構成要件　78, 80
控訴　127, 128, 143
　　──趣意書　9
　　──審　9
高速道路　20, 21
高速度走行　81, 82
公訴事実　6, 8, 88, 89, 115, 119, 134, 136, 143
公知の事実　141
交通安全管理　92, 93
交通安全教育　88
交通安全施設　88, 90, 92, 93
交通安全対策　90
交通規制状況　14, 15
交通事故現場見取図　3, 7, 14, 24, 32, 37, 38, 39, 48, 50
交通事故証明書交付申請書　18
交通状況　14, 15, 138
交通資料集　149
交通整理　3, 88, 89, 90, 91
交通取締り　88
公判期日　7
公判前整理手続　127
後方正面図　20
勾留状　17
誤鑑定　39
国土交通省　93
国家賠償訴訟　93
殊更　75, 77, 78, 84, 85, 86
　　──赤色信号無視　84, 86
コーナリング痕　125, 126
コピースタンド　30
根拠薄弱　51
痕跡　3, 8, 15, 16, 17, 38, 50
コンパクトカメラ　16
コンパス（方位磁石）　34
コンベックス　15, 26, 27

《さ行》

再現テスト　147
最終停止　8
　　──位置　8
　　──地点　6
最小半径　71
最大加速　67

索　引

最大速度　71
裁判員裁判　75, 84, 123, 129
裁判員制度　92
裁判員対象事件　119
裁判上の鑑定　48
撮影機種　17
撮影時刻　17
撮影写真　16
撮影条件　148
撮影年月日　17
撮影枚数　16
撮影レンズ　17
擦過痕　21, 37, 121, 131
三角コーン　15
三角板　35
三脚　18, 30
算式構成のミス　49
サンデードライバー　103
散乱物　3, 38
死角　47
私鑑定　43, 44
市区町村道　20, 21
事故現場　14
事故車両　16
事故状況　9, 13, 14, 15, 17, 125, 126
事故証明　18
　　──書　18, 20
事故前後の状況　14
事故発生現場　15
事故発生状況　14
事故分析者　42
指示説明　13
事実認定　9
視準装置付きのコンパス　34
自然数　60
自然落下　68
死体解剖所見　17
死体検案書　39
実況見分　3, 6, 13, 14, 37, 38
　　──実施要領　37
　　──調書　3, 20, 21, 24, 37, 38, 39, 48, 50, 116, 121
　　──調書作成要領　37
実刑判決　7
実験鑑定　51, 52
執行猶予　9
湿潤　135, 141, 143, 145
　　──路面　147
自転車　6, 7, 8
自動車安全運転センター　18, 106

自動車運転死傷行為処罰法　76, 80, 86
　　──施行令　80
自動車ガイドブック　20
自動車検査登録事務所　18
自動車専用道路　20, 21
自動車登録事項等証明書　18, 19, 20
シートベルト装着義務違反　100
視認　135, 138, 140, 142, 145, 147, 148, 149
　　──状況　14, 117, 119, 135, 141
自白　15
　　──調書　42
死亡診断書　17, 39
車高　19
写真　15, 140, 141, 148
　　──撮影　16
　　──撮影の再現可能性　148
　　──撮影報告書　17, 37, 38, 50, 138, 139
　　──撮影用スケール　15, 16, 27, 28
車線　3
車体　16
　　──下部　16
車長　19
車道　3, 8, 35
車内　16
車幅　19
車両　6, 7, 8, 13, 14, 16, 17
　　──写真　50
　　──重量　19
褶曲変形　50
終速度　57, 64, 65, 66, 67
重大違反　100
修理業者　16
重力　52, 60
　　──の加速度　52, 57, 60, 62, 63
乗員　3
使用機種　16
条件　52, 53
証拠調べ　116, 118, 122, 127, 137, 138, 140, 141
情状事実　90, 93, 94
情状事由　93, 95
情状主張　87, 90, 91
情状評価　95
情状弁護　87, 95
冗舌　53
小電力トランシーバ　33
衝突　6
　　──音　14
　　──状況　123, 124
　　──速度　67, 72

索　引

――地点　8, 52, 116, 117, 118, 119, 120, 121, 123, 124, 128, 131
蒸発現象　39, 47, 135, 142, 148
情報収集過程の証拠化　148
情報の記録化　148
情報の非公開　54
正面図　20
乗用車　3
使用レンズ　16, 17
職業ドライバー　103
諸元表　20
初速　52
初速度　57, 64, 65, 66
処分基準　102
信号機　3, 88, 89, 90, 91, 92, 93
信号の標示　41
信号表示灯　29
診断書　17, 39
尋問調書　45
信頼の原則　47
垂線　26
垂直距離　68
水平距離　52, 68
睡眠時無呼吸症候群　81
数学ソフト　74
数式　49
図化　16
　　――機　16
頭蓋底骨折　7
スケッチブック　32
スケッチメモ　16
スコップ　36
ステレオ写真　16
ストップウォッチ　15, 34
　　――アプリ　34
ストロボ　18
　　――撮影　140
　　――撮影写真　141
スマホ　33, 34
　　――のストップウォッチ機能　34
ズームレンズ　30
スリップ痕　50, 124
正確性　137
制限速度　3
正常な運転が困難な状態　75, 77, 78, 79, 80, 81
正対撮影　16
正対写真　16, 18
制動距離　58, 62, 63, 65, 66, 67
制動痕　61, 67

制動時間　58, 64, 65, 66
制動装置　47
整理手続　127
政令　76, 77, 81
赤色安全灯　35
接触時間　13
旋回性能　82
旋回半径　58, 71, 72
前照灯　135, 143, 145, 147
全制動　57, 58, 65
全天候型チョーク　33
前方注視義務違反　134, 142
前方注視義務懈怠　147
前方不注視　6, 137, 142
専門用語　49, 50
前輪　7
前歴　98, 102, 103, 108
相加平均　61, 62
走行車線　130, 131
走行速度　15, 133, 135, 137, 139, 140, 141, 142, 143, 144, 145, 147, 148
捜査報告書　17, 48, 130
操舵輪　7
測定　7, 15
速度　7, 69
　　――違反　137
　　――測定　15
側面図　20
「底上げ」鑑定　49, 50
ソルバー　70
損傷　16
　　――状況　3
　　――部位　16

《た行》

第1回公判期日　18
対向車線　6, 51, 115, 116, 133, 134, 136, 137, 138, 141, 142, 143, 144, 145, 146, 147
対向進行　7, 8
対向走行車　51
第2余弦定理　150
タイヤ　57, 61, 71
　　――痕　21, 37, 38, 50, 120, 124, 125, 126, 128
　　――トレッド　38
代理人　97, 103, 105
舵角　7
立て看板　14
弾性係数　59
地上高　52

致死率　93
注意義務　6
　　——違反　137, 147
中央線　115, 116, 117, 118, 120, 123, 125, 131
中央分離帯　41
駐車　6
　　——場　6, 8, 16
駐（停）車禁止場所等違反　101
中点　26
中立的な交通事故研究組織　55
超広角　17
調査報告書　31
調書　3
聴聞　97, 102, 103, 104, 105
調和平均　61, 62
チョーク　15, 33
　　——ライン　33
直下撮影　18
直径　59
陳述書　107, 108, 109
追加意見書　127
通行禁止道路　77, 86
通行区分線　17
出会頭の事故　52
低血糖症　76, 80, 81
停止　8, 41, 97, 98, 99, 100, 101, 103, 104, 107
　　——地点　52
丁字路交差点　134, 147
デジタルカメラ　31, 38
デジタルタコメーター　21
デジタルデータ　17
テープレコーダ　15, 34
デュープロセスの復権　97
てんかん　76, 80, 81
天候　142, 143
点数制度　97, 98, 99, 100, 101, 102, 104
電柱　17
転倒　7
同乗者　14
道路外致死傷　100
道路状況　15
道路中心線　17
道路の交角　34, 150
道路幅　29
ドクターカー　93
ドクターヘリ　93
特定違反行為　100
特定違法行為　101
都道府県道　20

飛び出し速度　68
土木事務所　21
ドライブレコーダー（ＤＲ）　21, 40, 82, 84, 136, 138, 139, 141, 142, 144, 145, 146, 148, 149
トランシーバ　15, 33, 34, 35
取消し　97, 98, 99, 100, 103, 104, 105, 108
取調べ　13, 116, 118, 127, 130, 142
　　——請求　130
トレッド　20, 125

《な行》

内輪差　47, 124, 125, 128
中吊り広告　15
肉眼　140
2元1次方程式　49
2次元衝突　72
2次衝突　125, 126
日本自動車研究所　47
日本道路公団管理事務所　21
任意開示　129
認識時間　47
認知症　81
布製巻尺　23, 24, 27
脳挫傷　7

《は行》

背後責任　41
パトカー　50
半径　60
判決　7
犯罪捜査規範　37
ハンドル　3, 7, 8, 115, 116, 117, 118, 124, 131
　　——転把地点　117
反応時間　9, 47
反発係数　59
被害者　3, 7, 8, 9, 17, 18
　　——側の過失　108
　　——参加　118, 119, 132
　　——参加制度　92
　　——調書　41
　　——の過失　146
引き金（トリガー）　90, 91
被疑事実　17
ひき逃げ　76, 78, 133, 141, 142, 144
被告人供述　118
被告人の防御権　121
飛翔距離　69, 151
飛翔地点　52
筆記用具　15

索　引

ビデオ　15
　　――映像　31
　　――カメラ　15, 31, 34
　　――テープ　31
人　6, 13, 14
尾灯　138
否認事件　116, 118, 119, 129
ピュア　16
病気　76, 77, 78, 79, 80, 81
表計算ソフト　74
標準ズーム　17
標準レンズ　27, 30
開かれた構成要件　146
付加点数　100, 101
幅員　3
複写撮影　30
複数選任　119
　　――事件　119
節穴鑑定　50
普通乗用車　3
フック　16
物体　7
プリンタ付きストップウォッチ　34
ブレーキペダル　61
フロントガラス　53
粉飾　49
平均速度　61, 62
平坦路面　64
平面図　20
ヘッドライト　35
偏向鑑定　39
弁論　7
　　――要旨　127
ホイールベース　20
方位　34
妨害　75, 77, 80, 83, 84
防寒具　15
放出初速度　8, 69, 70, 151
放出地点　52
冒頭陳述　7
保険会社　16, 17
歩行者　6
歩行速度　137, 139, 142
補佐人　97, 105, 106, 107, 109
　　――意見書　107, 109
　　――出頭許可申請書　105
歩数計　30
ポスター　15
歩道　6, 8

　　――橋　29
歩幅　30

《ま行》

巻尺　15, 23, 24, 25, 26, 27, 29, 33, 34, 35
マクロレンズ　18, 30
摩擦係数　8, 52, 57, 62, 63, 64, 65, 67, 69, 151, 152, 153
摩擦力　71
マニュアルモード　135
見落とし　50
民事訴訟　121, 123, 149
無罪　81, 92, 93, 95, 118, 119, 127, 128, 129, 132, 136, 137, 143, 146
　　――の立証　129
無視　85
無免許　75, 76, 77, 78, 82, 101
明暗　14
免許の停止　99, 102
免許の取消し　102
目撃　6, 8
　　――者　3, 6, 8, 14, 15
　　――状況　6

《や行》

薬物　75, 77, 79, 80
夜景モード　140, 141, 148
野次馬　14
野帳　32
用紙　15
予見可能性　41
横滑り痕　124
予知の有無の影響　147
呼び出し日　107
読み取りミス　24, 28

《ら行》

留保　118, 122, 137
量刑　7
レーザー　29
　　――距離計　15, 29
レッカー車　50
連立方程式　8, 74
ろう石　33
路側線　17
論告求刑　7
論告要旨　127

μ（ミュー）　57

索　引

ABS　58, 61
AF（オートフォーカス）　31
DOA（dead on arrival）　94
DR（ドライブレコーダー）　21, 40, 82, 84, 136, 138, 139, 141, 142, 144, 145, 146, 148, 149
g（ジー）　52, 57
ICレコーダ　34
MF（マニュアルフォーカス）　30, 31

●著者紹介

高山俊吉（たかやましゅんきち）
　1940年　東京生まれ
　1965年　東京大学法学部卒業
　1969年　東京弁護士会に弁護士登録
　1996年　高山法律事務所開設

　主要著書
『速度違反取締りへの挑戦』（芸文社　1981年）
『道交法の使い方』（青人社　1985年）
『道路交通法速度違反事件の手引（上・下）』（青峰社　1989年）
『検証 付審判事件』（共著　日本評論社　1994年）
『分析 交通事故事件』（共著　日本評論社　1994年）
『科学的交通事故調査　実況見分調書の虚と実』（共著　日本評論社　2001年）
『道交法の謎』（講談社　2004年）
『危険運転致死傷罪の総合的研究』（共著　日本評論社　2005年）
『裁判員制度はいらない』（講談社　2006年）
『交通事故事件の弁護技術』（共著　現代人文社　2008年）
『入門 交通行政処分への対処法』（現代人文社　2017年）

こうつう じ こ じ けんべん ご がくにゅうもん
交通事故事件弁護学 入門〔第2版〕

2008年4月25日　第1版第1刷発行
2019年7月20日　第2版第1刷発行

著　者／高山俊吉
発行所／株式会社 日本評論社
　　　〒170-8474　東京都豊島区南大塚3-12-4
　　　電話　03-3987-8621（販売）　3987-8631（編集）
　　　振替　00100-3-16
　　　https://www.nippyo.co.jp/

印刷／精文堂印刷株式会社
製本／株式会社難波製本
イラスト・装丁／図工ファイブ
Printed in Japan.　© Shunkichi TAKAYAMA 2019
ISBN 978-4-535-52272-5

|JCOPY|〈（社）出版者著作権管理機構　委託出版物〉
本書の無断複写は著作権法上での例外を除き禁じられています。複写される場合は、そのつど事前に、（社）出版者著作権管理機構（電話03-5244-5088、FAX03-5244-5089、E-mail：info@jcopy.or.jp）の許諾を得てください。また、本書を代行業者等の第三者に依頼してスキャニング等の行為によりデジタル化することは、個人の家庭内の利用であっても、一切認められておりません。